根据十八届四中全会决定中提出的
国家机关"谁执法谁普法"精神最新编写

工商行政管理
法律知识读本

中国社会科学院法学研究所法治宣传教育与公法研究中心◎组织编写

总顾问：张苏军　　　总主编：陈泽宪

本册主编：左　宁　严月仙

以案释法版

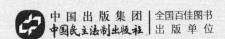
中国出版集团
中国民主法制出版社

全国百佳图书
出版单位

谁执法 谁普法

图书在版编目（CIP）数据

工商行政管理法律知识读本：以案释法版／中国社会科学院法学研究所法治宣传教育与公法研究中心组织编写. --北京：中国民主法制出版社，2016.11

（谁执法谁普法系列丛书）

ISBN 978-7-5162-1369-8

Ⅰ.①工… Ⅱ.①中… Ⅲ.①工商行政管理－法规－基本知识－中国

Ⅳ.①D922.294

中国版本图书馆CIP数据核字（2016）第280221号

所有权利保留。

未经许可，不得以任何方式使用。

责任编辑／郭槿桉
装帧设计／郑文娟

书　　名／工商行政管理法律知识读本（以案释法版）
作　　者／左　宁　严月仙

出版·发行／中国民主法制出版社
社　　址／北京市丰台区右安门外玉林里7号（100069）
电　　话／010-62152088
传　　真／010-62168123
经　　销／新华书店
开　　本／16开　710mm×1000mm
印　　张／11.375
字　　数／200千字
版　　本／2017年1月第1版　　2017年1月第1次印刷
印　　刷／北京精乐翔印刷有限公司

书　　号／ISBN 978-7-5162-1369-8
定　　价／28.00元
出版声明／版权所有，侵权必究。

丛书编委会名单

总　序

搞好法治宣传教育
营造良好法治氛围

全面推进依法治国，是坚持和发展中国特色社会主义，努力建设法治中国的必然要求和重要保障，事关党执政兴国、人民幸福安康、国家长治久安。

我们党长期重视依法治国，特别是党的十八大以来，以习近平同志为核心的党中央对全面依法治国作出了重要部署，对法治宣传教育提出了新的更高要求，明确了法治宣传教育的基本定位、重大任务和重要措施。十八届三中全会要求"健全社会普法教育机制"；十八届四中全会要求"坚持把全民普法和守法作为依法治国的长期基础性工作，深入开展法治宣传教育"；十八届五中全会要求"弘扬社会主义法治精神，增强全社会特别是公职人员尊法学法守法用法观念，在全社会形成良好法治氛围和法治习惯"。习近平总书记多次强调，领导干部要做尊法学法守法用法的模范。法治宣传教育要创新形式、注重实效，为我们做好工作提供了基本遵循。

当前，我国正处于全面建成小康社会的决定性阶段，依法治国在党和国家工作全局中的地位更加突出，严格执法、公正司法的要求越来越高，维护社会公平正义的责任越来越大。按照全面依法治国新要求，深入开展法治宣传教育，充分发挥法治宣传教育在全面依法治国中的基础作用，推动全社会树立法治意识，为"十三五"时期经济社会发展营造良好法治环境，为实现"两个一百年"奋斗目标和中华民族伟大复兴的中国梦作出新贡献，责任重大、意义深远。

为深入贯彻党的十八大和十八届三中、四中、五中、六中全会精神和习近平总书记系列重要讲话精神，以及中共中央、国务院转发《中央宣传部、司法部关于在公民中开展法治宣传教育的第七个五年规划（2016—2020年）》，扎实推进"七五"普法工作，中国社会科学院法学研究所联合中国民主法制出版社，组织国内有关方面的专家学者，在新一轮的五年普法规划实施期间，郑重推出"全面推进依法治国精品书库（六大系列）"，即《全国"七五"普法系列教材（以案释法版，25册）》《青少年法治教育系列教材（法治实践版，30册）》《新时期法治宣传教育工作理论与实务丛书（30册）》《"谁执法（主管）谁普法"系列丛书（以案释法版，80册）》《"七五"普法书架——以案释法系列丛书（60册）》和《"谁执法（主管）谁普法"系列宣传册（漫画故事版，100册）》。

其中"谁执法谁普法，谁主管谁负责"工作是一项涉及面广、工作要求高的系统工程。它以法律所调整的不同社会关系为基础，以行业监管或主管所涉及的法律法规为主体，充分发挥行业优势和主导作用，在抓好部门、行业内部法治宣传教育的同时，面向普法对象，普及该专属领域所涉及的法律法规的一种创新性普法方式。

实行"谁执法谁普法，谁主管谁负责"是贯彻落实中央精神、贯彻实施"七五"普法规划、深入推进新一轮全国法治宣传教育活动的重要举措。这一重要举措的切实实施，有利于充分发挥执法部门、行业主管的职能优势和主导作用，扩大普法依法治理工作覆盖面，增强法治宣传教育的针对性、专业性，促进执法与普法工作的有机结合，有利于各部门、各行业分工负责、各司其职、齐抓共管的大普法工作格局的形成。

为了深入扎实地做好"谁执法谁普法，谁主管谁负责"工作，我们组织编写了这套《"谁执法（主管）谁普法"系列丛书（以案释法版，80册）》。该丛书内容包括全面推进依法治国重大战略布局、宪法、行政法以及行业管理所涉及的法律法规制度。全书采取宣讲要点、以案释法的形式，紧紧围绕普法宣传的重点、法律规定的要点、群众关注的焦点、社会关注的热点、司法实践的难点，结合普法学习、法律运用和司法实践进行全面阐释，深入浅出，通俗易懂，具有较强的实用性和操作性，对于提高行业行政执法和业务管理人员能力水平，增强管理对象的法治意识具有积极意义。

衷心希望丛书的出版，能够为深入推进行业普法起到应有作用，更好地营造尊法学法守法用法的良好氛围。

本书编委会

2016年10月

目　　录

第一章

全面推进依法治国的重大战略布局

导 读

　　依法治国，就是广大人民群众在党的领导下，依照宪法和法律规定，通过法定形式管理国家事务，管理经济文化事业，管理社会事务，保证国家各项工作都依法进行，逐步实现民主制度化、法律化，建设社会主义法治国家。全面推进依法治国，是我们党从坚持和发展中国特色社会主义，实现国家治理体系和治理能力现代化，提高党的执政能力和执政水平出发，总结历史经验、顺应人民愿望和时代发展要求作出的重大战略布局。全面推进依法治国，必须坚持中国共产党的领导，坚持人民主体地位、坚持法律面前人人平等，坚持依法治国和以德治国相结合，坚持从中国实际出发。坚持依法治国、依法执政、依法行政共同推进，坚持法治国家、法治政府、法治社会一体建设，实现科学立法、严格执法、公正司法、全民守法，促进国家治理体系和治理能力现代化。

第一节　全面推进依法治国方略

　　依法治国，从根本上讲，就是广大人民群众在党的领导下，依照宪法和法律规定，通过法定形式管理国家事务、管理经济文化事业、管理社会事务，保证国家各项工作都依法进行，逐步实现民主制度化、法律化，建设社会主义法治国家。

一、全面推进依法治国的形成与发展过程

　　全面推进依法治国的提出，是对我们党严格执法执纪优良传统作风的传承，是对党的十五大报告提出的"依法治国，建设社会主义法治国家"的深化。历史地看，我们党依法治国基本方略的形成和发展，经历了一个长期的探索发展过程。早在革

命战争年代，我党领导下的革命根据地红色政权就陆续制定和颁布过《中华苏维埃共和国宪法大纲》《中国土地法大纲》《陕甘宁边区施政纲领》等一系列法律制度规定，为新生红色政权的依法产生和依法办事，为调动一切抗日力量抵御外来侵略者，为解放全中国提供了宪法性依据和法律遵循。遵守法纪、依法办事成为这一时期党政工作的一大特色。尽管从总体上看，为适应战时需要，当时主要实行的还是政策为主、法律为辅，但在战争年代，尤其是军事力量对比实力悬殊的情况下，我们党依然能够在革命根据地和解放区坚持探索和实践法制建设，充分显示了一个无产阶级政党领导人民翻身解放、当家作主的博大胸怀。1949年中华人民共和国成立，开启了中国法治建设的新纪元。从1949年到20世纪50年代中期，是中国社会主义法制的初创时期。这一时期中国制定了具有临时宪法性质的《中国人民政治协商会议共同纲领》和其他一系列法律、法令，对巩固新生的共和国政权，维护社会秩序和恢复国民经济，起到了重要作用。1954年第一届全国人民代表大会第一次会议制定的《中华人民共和国宪法》以及随后制定的有关法律，规定了国家的政治制度、经济制度和公民的权利与自由，规范了国家机关的组织和职权，确立了国家法制的基本原则，初步奠定了中国法治建设的基础。20世纪50年代后期至70年代初，特别是"文化大革命"的十年，中国社会主义法制遭到严重破坏。20世纪70年代末，中国共产党总结历史经验，特别是汲取"文化大革命"的惨痛教训，作出把"党和国家的工作重心转移到社会主义现代化建设上来"的重大决策，实行改革开放政策，明确了一定要靠法制治理国家的原则。为了保障人民民主，必须加强社会主义法制，使民主制度化、法律化，使这种制度和法律具有稳定性、连续性和权威性，使之不因领导人的改变而改变，不因领导人的看法和注意力的改变而改变，做到有法可依，有法必依，执法必严，违法必究，成为改革开放新时期法治建设的基本理念。在发展社会主义民主、健全社会主义法制的基本方针指引下，现行宪法以及刑法、刑事诉讼法、民事诉讼法、民法通则、行政诉讼法等一批基本法律出台，中国的法治建设进入了全新发展阶段。20世纪90年代，中国开始全面推进社会主义市场经济建设，由此进一步奠定了法治建设的经济基础，法治建设面临新的更高要求。1997年召开的中国共产党第十五次全国代表大会，将"依法治国"确立为治国基本方略，将"建设社会主义法治国家"确定为社会主义现代化的重要目标，并提出了建设中国特色社会主义法律体系的重大任务。1999年修宪，"中华人民共和国实行依法治国，建设社会主义法治国家"载入宪法，中国的法治建设开启了新篇章。进入21世纪，中国的法治建设继续向前推进。2002年召开的中国共产党第十六次全国代表大会，将"社会主义民主更加完善，社会主义法制更加完备，依法治国基本方略得到全面落实"作为全面建设小康社会的重要目标。2004年修宪，"国家尊重和保障人权"载入宪法。2007年召开的中国共产党第十七次全国代表大会，明确提出全面落实依法治国基本方略，加快建设社会主义法治国家，并对加强社会主义法治建设作出了全面部署。2012年中共十八大召开以来，党中央高度重视依法治国。2014年10月，十八届四中全会专门作出《中共中央关于全面推进依法治国若干重大问题的决定》，描绘了全面推进依法治国的总蓝图、路线图、施工图，标志着依法治国按下了"快进键"、进入了"快车道"，对我国社会主义法治建设具有里程碑意义。在新的历史起点上，我们党更加重视全面依法治国和社会主义法治建设，强调落实依法治国基本方略，加快建设社会主义法治国家，全面推进科学立法、严格执法、公正司法、全民守法进程，强调坚持党的领导，更加注重改进党的领导方式和执政方式；依法治国，首先是依宪治国；依法执政，关键是依宪执政；新形势下，我们党要履行好执政兴国的重大职责，必须依据党章从严治党、依据宪法治国理政；党领导人民制定宪法和法律，党领导人民执行宪法和法律，党自身必须在宪法和法律范围内活动，真正做到党领导立法、保证执法、带头守法。当前，我国全面建成小康社会进入决定性阶段，改革进入攻坚期和深水区。我们党面临的改革发展稳定任务之重前所未有、矛盾风险挑战之多前所未有，依法治国在党和国家工作全局中的地位更加突出、作用更加重大。全面推进依法治国是关系我们党执政兴国、关系人民幸福安康、关系党和国家长治久安的重大战略问题，是完善和发展中国特色社会主义制度、推进国家治理体系和治理能力现代化的重要方面。我们要实现党的十八大和十八届三中、四中、五中全会作出的一系列战略部署，全面建成小康社会、实现中华民族伟大复兴的中国梦，全面深化改革、完善和发展中国特色社会主义制度，就必须在全面推进依法治国上作出总体部署、采取切实措施、迈出坚实步伐。

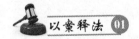

严格依法办事、坚持从严治党

2015年5月22日，天津市第一中级人民法院鉴于周永康案中一些犯罪事实证据涉及国家秘密，依法对周永康案进行不公开审理。天津市第一中级人民法院经审理认为，周永康受贿数额特别巨大，但其归案后能如实供述自己的罪行，认罪悔罪，绝大部分贿赂系其亲属收受且其系事后知情，案发后主动要求亲属退赃且受贿款物全部追缴，具有法定、酌定从轻处罚情节；滥用职权，犯罪情节特别严重；故意泄露国家秘密，犯罪情节特别严重，但未造成特别严重的后果。根据周永康犯罪的事实、性质、情节和对于社会的危害程度，天津市第一中级人民法院于2015年6月11日宣判，周永康犯受贿罪，判处无期徒刑，剥夺政治权利终身，并处没收个人财产；犯滥用职权罪，判处有期徒刑七年；犯故意泄露国家秘密罪，判处有期徒刑四年，三罪并罚，决定执行无期徒刑，剥夺政治权利终身，并处没收个人财产。周永康在庭审最后陈述时说："我接受检方指控，基本事实清楚，我表示认罪悔罪；有关人员对我家人的贿赂，实际上是冲着我的权力来的，我应负主要责任；自己不断为私情而违法违纪，违法犯罪的事实是客观存在的，给党和国家造成了重大损失；对我问题的依纪依法处理，体现了中国共产党全面从严治党、全面依法治国的决心。"

周永康一案涉及新中国成立以来第一例因贪腐被中纪委立案审查的正国级领导干部。周永康的落马充分反映了我们党全面从严治党、全面依法治国的坚定决心。说明反腐没有"天花板"，无论任何人，不管位有多高，权有多大，只要违法乱纪，一样要严惩不贷。周永康一案的宣判表明，无论是位高权重之人，还是基层党员干部，都应始终敬畏党纪、敬畏国法，不以权谋私，切忌把权力当成自家的"后花园"。通过办案机关依法办案、文明执法，讲事实、讲道理，周永康也认识到自己违法犯罪的事实给党的事业造成的损失，给社会造成了严重影响，并多次表示认罪悔罪。综观周永康一案从侦办、审理到宣判，整个过程都坚持依法按程序办案，很好地体现了"以法治思维和法治方式反对腐败"的基本理念。这充分说明，我们党敢于直面问题、纠正错误，勇于从严治党、依法治国。周永康案件再次表明，党纪国法绝不是"橡皮泥""稻草人"，无论是因为"法盲"导致违纪违法，还是故意违规违法，都要受到追究，否则就会形成"破窗效应"。法治之下，任何人都不能心存侥幸，也不能指望法外施恩，没有免罪的"丹书铁券"，也没有"铁帽子王"。

二、全面推进依法治国必须坚持的基本原则

全面推进依法治国是一项系统工程，是国家治理领域一场广泛而深刻的革命，需要付出长期艰苦努力，这一过程中，既要避免不作为，又要防范乱作为。为此，党的十八届四中全会明确提出了全面推进依法治国必须要坚持的基本原则，即坚持中国共产党的领导，坚持人民主体地位，坚持法律面前人人平等，坚持依法治国和以德治国相结合，坚持从中国实际出发。

（一）党的领导原则

党的领导是中国特色社会主义最本质的特征，是社会主义法治最根本的保证。把党的领导贯彻到依法治国全过程和各方面，是我国社会主义法治建设的一条基本经验。我国宪法确立了中国共产党的领导地位。坚持党的领导，是社会主义法治的根本要求，是党和国家的根本所在、命脉所在，是全国各族人民的利益所系、幸福所系。实践证明，只有把依法治国基本方略的贯彻实施同依法执政的基本方式统一起来，把党领导立法、保证执法、支持司法、带头守法统一起来，把党总揽全局、协调各方同人大、政府、政协、审判机关、检察机关依法依章程履行职能、开展工作统一起来，把党领导人民制定和实施宪法法律同党坚持在宪法法律范围内活动统一起来，才能确保法治中国的建设有序推进、深入开展。

（二）人民主体原则

在我国，人民是依法治国的主体和力量源泉，法治建设以保障人民根本权益为出发点和落脚点。法治建设的宗旨是为了人民、依靠人民、保护人民、造福人民。因此，全面推进依法治国，必须要保证人民依法享有广泛的权利和自由、承担应尽的义务，维护社会公平正义，促进共同富裕。全面推进依法治国，就是为了更好地实现人民在党的领导下，依照法律规定，通过各种途径和形式管理国家事务，管理经济文化事业，管理社会事务。法律既是保障公民权利的有力武器，也是全体公民必须一体遵循的行为规范，因此全面推行依法治国，必须要坚持人民主体原则，切实增强全社会学法尊法守法用法意识，使法律为人民所掌握、所遵守、所运用。

（三）法律面前人人平等原则

平等是社会主义法律的基本属性。法律面前人人平等，要求任何组织和个人都必须尊重宪法法律权威，都必须在宪法法律范围内活动，都必须依照宪法法律行使权力或权利、履行职责或义务，都不得有超越宪法法律的特权。全面推行依法治国，必须维护国家法制统一、尊严和权威，切实保证宪法法律有效实施，任何人都不得以任何借口任何形式以言代法、以权压法、徇私枉法。必须规范和约束公权力，加大监督力度，做到有权必有责、用权受监督、违法必追究。坚决纠正有法不依、执法不严、违法不究行为。

（四）依法治国和以德治国相结合原则

法律和道德同为社会行为规范，在支撑社会交往、维护社会稳定、促进社会发展方面，发挥着各自不同的且不可替代的交互作用，国家和社会治理离不开法律和道德共同发挥作用。全面推进依法治国，必须要既重视发挥法律的规范作用，又重视发挥道德的教化作用，要坚持一手抓法治、一手抓德治，大力弘扬社会主义核心价值观，弘扬中华传统美德，培育社会公德、职业道德、家庭美德、个人品德。法治要体现道德理念、强化对道德建设的促进作用，道德要滋养法治精神、强化对法治文化的支撑作用，以实现法律和道德相辅相成、法治和德治相得益彰。

（五）从实际出发原则

全面推进依法治国是中国特色社会主义道路、理论、制度实践的必然选择。建设法治中国，必须要从我国基本国情出发，同改革开放不断深化相适应，总结和运用党领导人民实行法治的成功经验，围绕社会主义法治建设重大理论和实践问题，深入开展法治建设，推进法治理论创新。

三、全面推进依法治国的总体要求

十八届四中全会是我党历史上第一次通过全会的形式专题研究部署、全面推进依法治国问题。全会在对全面推进依法治国的重要意义、重大作用、指导思想和基本原则作了系统阐述的基础上，站在总揽全局、协调各方的高度，对全面推进依法治国进程中的人大、政府、政协、审判、检察等各项工作提出了工作要求。

（一）加强立法工作，完善中国特色社会主义法律体系建设和以宪法为核心的法律制度实施

1.建设中国特色社会主义法治体系，坚持立法先行，发挥立法的引领和推动作用，抓住提高立法质量这个关键

立法工作要恪守以民为本、立法为民理念，贯彻社会主义核心价值观，要符合宪法精神、反映人民意志、得到人民拥护。要把公正、公平、公开原则贯穿立法全过程，完善立法体制机制，坚持立改废释并举，增强法律法规的及时性、系统性、针对性、有效性。坚持依法治国，首先要坚持依宪治国、坚持依宪执政。一切违反宪法的行为都必须予以追究和纠正。为了强化宪法意识，党和国家还确定，每年12月4日定为国家宪法日。在全社会普遍开展宪法教育，弘扬宪法精神。建立宪法宣誓制度，凡经人大及其常委会选举或者决定任命的国家工作人员正式就职时公开向宪法宣誓。

2.完善党对立法工作中重大问题决策的程序

凡立法涉及重大体制和重大政策调整的，必须报党中央讨论决定。党中央向全国人大提出宪法修改建议，依照宪法规定的程序进行宪法修改。法律制定和修改的重大问题由全国人大常委会党组向党中央报告。健全有立法权的人大主导立法工作的体制机制。建立由全国人大相关专门委员会、全国人大常委会法制工作委员会组织有关部门参与起草综合性、全局性、基础性等重要法律草案制度。增加有法治实践经验的专职常委比例。依法建立健全专门委员会、工作委员会立法专家顾问制度。加强和改进政府立法制度建设，完善行政法规、规章制定程序，完善公众参与政府立法机制。重要行政管理法律法规由政府法制机构组织起草。明确立法权力边界，从体制机制和工作程序上有效防止部门利益和地方保护主义法律化。明确地方立法权限和范围，依法赋予设区的市地方立法权。

3.深入推进科学立法、民主立法

加强人大对立法工作的组织协调，健全立法起草、论证、协调、审议机制，健全向下级人大征询立法意见机制，建立基层立法联系点制度，推进立法精细化。更多发挥人大代表参与起草和修改法律的作用。充分发挥政协委员、民主党派、工商联、无党派人士、人民团体、社会组织在立法协商中的作用，拓宽公民有序参与立

法途径，广泛凝聚社会共识。

4. 加强重点领域立法

依法保障公民权利，加快完善体现权利公平、机会公平、规则公平的法律制度，保障公民人身权、财产权、基本政治权利等各项权利不受侵犯，保障公民经济、文化、社会等各方面权利得到落实，实现公民权利保障法治化。增强全社会尊重和保障人权意识，健全公民权利救济渠道和方式。

（二）深入推进依法行政，加快建设法治政府

各级政府必须坚持在党的领导下、在法治轨道上开展工作，创新执法体制，完善执法程序，推进综合执法，严格执法责任，建立权责统一、权威高效的依法行政体制，加快建设职能科学、权责法定、执法严明、公开公正、廉洁高效、守法诚信的法治政府。

1. 依法全面履行政府职能

完善行政组织和行政程序法律制度，推进机构、职能、权限、程序、责任法定，行政机关要坚持法定职责必须为、法无授权不可为，勇于负责、敢于担当，坚决纠正不作为、乱作为，坚决克服懒政、怠政，坚决惩处失职、渎职。行政机关不得法外设定权力，没有法律法规依据不得作出减损公民、法人和其他组织合法权益或者增加其义务的决定。

2. 健全依法决策机制

把公众参与、专家论证、风险评估、合法性审查、集体讨论决定确定为重大行政决策作出的法定程序，确保决策制度科学、程序正当、过程公开、责任明确。建立重大决策终身责任追究制度及责任倒查机制，对决策严重失误或者依法应该及时作出决策但久拖不决造成重大损失、恶劣影响的，严格追究行政首长、负有责任的其他领导人员和相关责任人员的法律责任。

3. 深化行政执法体制改革

根据不同层级政府的事权和职能，按照减少层次、整合队伍、提高效率的原则，合理配置执法力量。推进综合执法，大幅减少市县两级政府执法队伍种类，重点在食品药品安全、工商质检、公共卫生、安全生产、文化旅游、资源环境、农林水利、交通运输、城乡建设、海洋渔业等领域内推行综合执法，有条件的领域可以推行跨部门综合执法；严格实行行政执法人员持证上岗和资格管理制度，未通过执法资格考试，不得授予执法资格，不得从事执法活动。严格执行罚缴分离和收支两条线管理制度，严禁收费罚没收入同部门利益直接或者变相挂钩。

4. 坚持严格规范公正文明执法

依法惩处各类违法行为，加大关系群众切身利益的重点领域执法力度。完善执法程序，建立执法全过程记录制度。明确具体操作流程，重点规范行政许可、行政处罚、行政强制、行政征收、行政收费、行政检查等执法行为。严格执行重大执法决定法制审核制度。全面落实行政执法责任制，严格确定不同部门及机构、岗位执法人员执法责任和责任追究机制，加强执法监督，坚决排除对执法活动的干预，防止和克服地方和部门保护主义，惩治执法腐败现象。

5. 强化对行政权力的制约和监督

加强党内监督、人大监督、民主监督、行政监督、司法监督、审计监督、社会监督、舆论监督制度建设，努力形成科学有效的权力运行制约和监督体系，增强监督合力和实效。加强对政府内部权力的制约，对财政资金分配使用、国有资产监管、政府投资、政府采购、公共资源转让、公共工程建设等权力集中的部门和岗位实行分事行权、分岗设权、分级授权，定期轮岗，强化内部流程控制，防止权力滥用。改进上级机关对下级机关的监督，建立常态化监督制度。完善纠错问责机制，健全责令公开道歉、停职检查、引咎辞职、责令辞职、罢免等问责方式和程序。完善审计制度，保障依法独立行使审计监督权。对公共资金、国有资产、国有资源和领导干部履行经济责任情况实行审计全覆盖。

6. 全面推进政务公开

坚持以公开为常态、不公开为例外原则，推进决策公开、执行公开、管理公开、服务公开、结果公开。各级政府及其工作部门依据权力清单，向社会全面公开政府职能、法律依据、实施主体、职责权限、管理流程、监督方式等事项。重点推进财政预算、公共资源配置、重大建设项目批准和实施、社会公益事业建设等领域的政府信息公开。涉及公民、法人或其他组织权利和义务的规范性文件，按照政府信息公开要求和程序予以公布。推行行政执法公示制度。推进政务公开信息化，加强互联网政务信息数据服务平台和便民服务平台建设。

（三）保证公正司法，提高司法公信力

必须完善司法管理体制和司法权力运行机制，规范司法行为，加强对司法活动的监督，努力让人民群众在每一个司法案件中感受到公平正义。

1. 完善确保依法独立公正行使审判权和检察权的制度

建立领导干部干预司法活动、插手具体案件处理的记录、通报和责任追究制度。任何党政机关和领导干部都不得让司法机关做违反法定职责、有碍司法公正的事情，任何司法机关都必须执行党政机关和领导干部不得违法干预司法活动的要求。对干预司法机关办案的，给予党纪政纪处分；造成冤假错案或者其他严重后果的，依法追究刑事责任。

2. 优化司法职权配置

健全公安机关、检察机关、审判机关、司法行政机关各司其职，侦查权、检察权、审判权、执行权相互配合和制约的体制机制。完善审级制度，一审重在解决事实认定和法律适用，二审重在解决事实法律争议、实现二审终审，再审重在依法纠错、维护裁判权威；建立司法机关内部人员过问案件的记录制度和责任追究制度。完善主审法官、合议庭、主任检察官、主办侦查员办案责任制，落实谁办案谁负责。

3. 推进严格司法

健全事实认定符合客观真相、办案结果符合实体公正、办案过程符合程序公正的法律制度。加强和规范司法解释和案例指导，统一法律适用标准。全面贯彻证据裁判规则，严格依法收集、固定、保存、审查、运用证据，完善证人、鉴定人出庭制度，保证庭审在查明事实、认定证据、保护诉权、公正裁判中发挥决定性作用。明确各类司法人员工作职责、工作流程、工作标准，实行办案质量终身负责制和错案责任倒查问责制，确保案件处理经得起法律和历史检验。

4. 保障人民群众参与司法

坚持人民司法为人民，依靠人民推进公正司法，通过公正司法维护人民权益。在司法调解、司法听证、涉诉信访等司法活动中保障人民群众参与。推进审判公开、检务公开、警务公开、狱务公开，依法及时公开执法司法依据、程序、流程、结果和生效法律文书，杜绝暗箱操作。

5. 加强人权司法保障

强化诉讼过程中当事人和其他诉讼参与人的知情权、陈述权、辩护辩论权、申请权、申诉权的制度保障。健全落实罪刑法定、疑罪从无、非法证据排除等法律原则的法律制度。完善对限制人身自由司法措施和侦查手段的司法监督，加强对刑讯逼供和非法取证的源头预防，健全冤假错案有效防范、及时纠正机制。

6. 加强对司法活动的监督

完善检察机关行使监督权的法律制度，加强对刑事诉讼、民事诉讼、行政诉讼的法律监督。完善人民监督员制度，重点监督检察机关查办职务犯罪的立案、羁押、扣押和冻结财物、起诉等环节的执法活动。依法规范司法人员与当事人、律师、特殊关系人、中介组织的接触、交往行为。严禁司法人员私下接触当事人及律师、泄露或者为其打探案情、接受吃请或者收受其财物、为律师介绍代理和辩护业务等违法违纪行为，坚决惩治司法掮客行为，防止利益输送。

（四）增强全民法治观念，推进法治社会建设

弘扬社会主义法治精神，建设社会主义法治文化，增强全社会厉行法治的积极性和主动性，形成守法光荣、违法可耻的社会氛围，使全体人民都成为社会主义法治的忠实崇尚者、自觉遵守者、坚定捍卫者。

1. 推动全社会树立法治意识

坚持把全民普法和守法作为依法治国的长期基础性工作，深入开展法治宣传教

育，引导全民自觉守法、遇事找法、解决问题靠法。坚持把领导干部带头学法、模范守法作为树立法治意识的关键，完善国家工作人员学法用法制度，把法治教育纳入国民教育体系，从青少年抓起，在中小学设立法治知识课程。健全普法宣传教育机制，各级党委和政府要加强对普法工作的领导，宣传、文化、教育部门和人民团体要在普法教育中发挥职能作用。实行国家机关"谁执法谁普法"的普法责任制，建立法官、检察官、行政执法人员、律师等以案释法制度。把法治教育纳入精神文明创建内，开展群众性法治文化活动，健全媒体公益普法制度，加强新媒体新技术在普法中的运用，提高普法实效；加强社会诚信建设，健全公民和组织守法信用记录，完善守法诚信褒奖机制和违法失信行为惩戒机制，使尊法守法成为全体人民的共同追求和自觉行动；加强公民道德建设，弘扬中华优秀传统文化，增强法治的道德底蕴，强化规则意识，倡导契约精神，弘扬公序良俗。发挥法治在解决道德领域突出问题中的作用，引导人们自觉履行法定义务、社会责任、家庭责任。

2. 推进多层次多领域依法治理

深入开展多层次多领域法治创建活动，深化基层组织和部门、行业依法治理，支持各类社会主体自我约束、自我管理。发挥市民公约、乡规民约、行业规章、团体章程等社会规范在社会治理中的积极作用。建立健全社会组织参与社会事务、维护公共利益、救助困难群众、帮教特殊人群、预防违法犯罪的机制和制度化渠道，发挥社会组织对其成员的行为导引、规则约束、权益维护作用。

3. 建设完备的法律服务体系

完善法律援助制度，扩大援助范围，健全司法救助体系，保证人民群众在遇到法律问题或者权利受到侵害时获得及时有效的法律帮助。

4. 健全依法维权和化解纠纷机制

强化法律在维护群众权益、化解社会矛盾中的权威地位，引导和支持人们理性表达诉求、依法维护权益。建立健全社会矛盾预警机制、利益表达机制、协商沟通机制、救济救助机制，畅通群众利益协调、权益保障法律渠道。把信访纳入法治化轨道，保障合理合法诉求依照法律规定和程序就能得到合理合法的结果。健全社会矛盾纠纷预防化解机制，完善调解、仲裁、行政裁决、行政复议、诉讼等有机衔接、相互协调的多元化纠纷解决机制。完善立体化社会治安防控体系，有效防范、化解、管控影响社会安定的问题，保障人民生命财产安全。依法严厉打击暴力恐怖、涉黑犯罪、邪教和黄赌毒等违法犯罪活动，绝不允许其形成气候。依法强化危害食品药品安全、影响生产安全、损害生态环境、破坏网络安全等重点问题治理。此外，十八届四中全会还就法治工作队伍建设、党对全面推进依法治国的领导等重大问题提出了加强和改进要求。

让人民群众在司法案件中感受到公平正义

欠债还钱，天经地义，支付罚息，也理所应当。但是，银行却在本金、罚息之外，另收"滞纳金"，并且还是按复利计算，结果经常导致"滞纳金"远高于本金，成了实际上的"驴打滚"。中国银行某高新技术产业开发区支行起诉信用卡欠费人沙女士，请求人民法院判令沙女士归还信用卡欠款共计375079.3元（包含本金339659.66元及利息、滞纳金共计35419.64元）。银行按每日万分之五的利率计算的利息，以及每个月高达5%的滞纳金，这就相当于年利率高达78%。受理本案的人民法院认为，根据合同法、商业银行法，我国的贷款利率是受法律限制的，最高人民法院在关于民间借贷的司法解释中明确规定：最高年利率不得超过24%，否则就算"高利贷"，不受法律保护。但问题在于，最高法的司法解释针对的是"民间高利贷"，而原告是根据中国人民银行的《银行卡业务管理办法》收取滞纳金的，该如何审理？

在我国社会主义法律体系中，宪法是国家的根本大法，处于最高位阶，一切法律、行政法规、司法解释、地方性法规和规章、自治条例和单行条例都不得与宪法规定精神相违背。依法治国首先必须依宪治国。十八届四中全会重申了宪法第五条关于"一切违反宪法和法律的行为，必须予以追究"的原则，强调要"努力让人民群众在每一个司法案件中感受到公平正义"。此案中，法官引述了宪法第三十三条第二款规定："中华人民共和国公民在法律面前一律平等。"法官认为："平等意味着对等待遇，除非存在差别对待的理由和依据。一方面，国家以贷款政策限制民间借款形成高利；另一方面，在信用卡借贷领域又形成超越民间借贷限制一倍或者几倍的利息。这显然极可能形成一种'只准州官放火，不许百姓点灯'的外在不良观感。"法官从宪法"平等权"等多个层面，提出应对法律作系统性解释，认为"商业银行错误地将相关职能部门的规定作为自身高利、高息的依据，这有违合同法及商业银行法的规定"，从而最终驳回了银行有关滞纳金的诉讼请求，仅在本金339659.66元、年利率24%的限度内予以支持。

第二节　建设中国特色社会主义法治体系

十八届四中全会提出："全面推进依法治国，总目标是建设中国特色社会主义法治体系，建设社会主义法治国家。"这是我们党的历史上第一次提出建设中国特色社会主义法治体系的新目标。从"法律体系"到"法治体系"是一个质的飞跃，是一个从静态到动态的过程，是一个从平面到立体的过程。

一、中国特色社会主义法治体系的主要内容

中国特色社会主义法治体系包括完备的法律规范体系、高效的法治实施体系、严密的法治监督体系、有力的法治保障体系、完备的党内法规体系五个子系统。

（一）完备的法律规范体系

建设中国特色社会主义法治体系，全面推进依法治国，需要充分的规范供给为全社会依法办事提供基本遵循。一方面，要加快完善法律、行政法规、地方性法规体系；另一方面，也要完善包括市民公约、乡规民约、行业规章、团体章程在内的社会规范体系。恪守原有单一的法律渊源已无法满足法治实践的需求，有必要适当扩大法律渊源，甚至可以有限制地将司法判例、交易习惯、法律原则、国际惯例作为裁判根据，以弥补法律供给的不足，同时还应当建立对法律扩大或限缩解释的规则，通过法律适用过程填补法律的积极或消极的漏洞。为了保证法律规范的质量和提升立法科学化的水平，应当进一步改善立法机关组成人员的结构，提高立法程序正当化水平，构建立法成本效益评估前置制度，建立辩论机制，优化协商制度，提升立法技术，规范立法形式，确定法律规范的实质与形式标准，设立法律规范的事前或事后的审查过滤机制，构建实施效果评估机制，完善法律修改、废止和解释制度，等等。尤其要着力提高立法过程的实质民主化水平，要畅通民意表达机制以及民意与立法的对接机制，设定立法机关组成人员联系选民的义务，规范立法机关成员与"院外"利益集团的关系，完善立法听取意见（包括听证等多种形式）、整合吸纳意见等制度，建立权力机关内部的制约协调机制，建立立法成员和立法机关接受选民和公众监督的制度，等等。

（二）高效的法治实施体系

法治实施是一个系统工程。首先，要认真研究如何使法律规范本身具有可实施性，不具有实施可能性的法律规范无疑会加大实施成本，甚至即使执法司法人员费尽心机也难以实现。因此，要特别注意法律规范的可操作性、实施资源的配套性、法律规范本身的可接受性以及法律规范自我实现的动力与能力。其次，要研究法律实施所必需的体制以及法律设施，国家必须为法律实施提供强有力的体制、设施与物质保障。再次，要认真研究法律实施所需要的执法和司法人员的素质与能力，要

为法律实施所需要的素质和能力的培训与养成提供必要的条件和机制。又次，要研究法律实施的环境因素，并为法律实施创造必要的执法和司法环境。最后，要研究如何克服法律实施的阻碍和阻力，有针对性地进行程序设计、制度预防和机制阻隔，针对我国现阶段的国情，有必要把排除"人情""关系""金钱""权力"对法律实施的干扰作为重点整治内容。

（三）严密的法治监督体系

对公共权力的监督和制约，是任何法治形态的基本要义；公共权力具有二重性，唯有法律能使其扬长避短和趋利避害；破坏法治的最大危险在一般情况下都来自公共权力；只有约束好公共权力，国民的权利和自由才可能安全实现。有效监督和制约公共权力，要在以下几个方面狠下功夫：要科学配置权力，使决策权、执行权、监督权相互制约又相互协调；要规范权力的运行，为权力的运行设定明确的范围、条件、程序和界限；要防止权力的滥用，为权力的行使设定正当目的及合理基准与要求；要严格对权力的监督，有效规范党内、人大、民主、行政、司法、审计、社会、舆论诸项监督，并充分发挥各种监督的独特作用，使违法或不正当行使权力的行为得以及时有效纠正；要健全权益恢复机制，使受公共权力侵害的私益得到及时赔偿或补偿。

（四）有力的法治保障体系

依法治国是一项十分庞大和复杂的综合性系统工程。要在较短时间内实现十八届四中全会提出的全面推进依法治国的战略目标，任务艰巨而繁重，如果缺少配套的保证体系作为支撑，恐难以持久。普遍建立法律顾问制度。完善规范性文件、重大决策合法性审查机制。建立科学的法治建设指标体系和考核标准。健全法规、规章、规范性文件备案审查制度。健全社会普法教育机制，增强全民法治观念。逐步增加有地方立法权的较大的市的数量。深化行政执法体制改革。完善行政执法程序，规范执法自由裁量权，加强对行政执法的监督，全面落实行政执法责任制和执法经费由财政保障制度，做到严格规范公正文明执法。完善行政执法与刑事司法衔接机制。确保依法独立公正行使审判权、检察权。改革司法管理体制，推动省以下地方人民法院、人民检察院人财物统一管理，探索建立与行政区划适当分离的司法管辖制度，保证国家法律统一正确实施。建立符合职业特点的司法人员管理制度，健全法官、检察官、人民警察统一招录、有序交流、逐级遴选机制，完善司法人员分类管理制度、健全法官、检察官、人民警察职业保障制度。健全司法权力运行机制。优化司法职权配置，健全司法权力分工负责、互相配合、互相制约机制，加强和规范对司法活动的法律监督和社会监督。健全国家司法救助制度，完善法律援助制度。完善律师执业权利保障机制和违法违规执业惩戒制度，加强职业道德建设，发挥律师在依法维护公民和法人合法权益方面的重要作用。

（五）完备的党内法规体系

党内法规既是管党治党的重要依据，也是中国特色社会主义法治体系的重要组成部分。由于缺少整体规划，缺乏顶层设计，党内法规存在"碎片化"现象。要在对现有党内法规进行全面清理的基础上，抓紧制定和修订一批重要党内法规，加大党内法规备案审查和解释力度，完善党内法规制定体制机制，形成配套完备的党内法规制度体系，使党内生活更加规范化、程序化，使党内民主制度体系更加完善，使权力运行受到更加有效的制约和监督，使党执政的制度基础更加巩固，为到建党100周年时全面建成内容科学、程序严密、配套完备、运行有效的党内法规制度体系打下坚实基础。

二、以高度自信建设中国特色社会主义法治体系

（一）依法治国、依法执政、依法行政共同推进

依法治国是党领导人民治国理政的基本方式，要依照宪法和法律规定，通过各种途径和形式实现人民群众在党的领导下管理国家事务，管理经济文化事业，管理社会事务，保证国家各项工作都依法进行，逐步实现社会主义民主的制度化、法律化。依法执政是依法治国的关键，要坚持党领导人民制定法律、实施法律并在宪法法律范围内活动的原则，健全党领导依法治国的制度和工作机制，促进党的政策和国家法律互联互动。依法行政是依法治国的重点，要创新执法体制，完善执法程序，推进综合执法，严格执法责任，建立权责统一、权威高效的依法行政体制，加快建设职能科学、权责法定、执法严明、公开公正、廉洁高效、守法诚信的法治政府，切实做到合法行政、合理行政、高效便民、权责统一、政务公开。

（二）法治国家、法治政府、法治社会一体建设

法治国家、法治政府和法治社会是全面推进依法治国的"一体双翼"。法治国家是长远目标和根本目标，建设法治国家的核心要求是实现国家生活的全面法治化；法治政府是重点任务和攻坚内容，建设法治政府的核心要求是规范和制约公共权力；法治社会是组成部分和薄弱环节，建设法治社会的核心是推进多层次多领域依法治理，实现全体国民自己守法、护法。法治国家、法治政府、法治社会一体建设，要求三者相互补充、相互促进、相辅相成。

（三）科学立法、严格执法、公正司法、全民守法相辅相成

十八大以来，党中央审时度势，提出了"科学立法、严格执法、公正司法、全民守法"的十六字方针，确立了新时期法治中国建设的基本内容。科学立法要求完善立法规划，突出立法重点，坚持立改废释并举，提高立法科学化、民主化水平，提高法律的针对性、及时性、系统性、有效性，完善立法工作机制和程序，扩大公众有序参与，充分听取各方面意见，使法律准确反映经济社会发展要求，更好协调利益关系，发挥立法的引领和推动作用。严格执法，要求加强宪法和法律实施，维

护社会主义法制的统一、尊严、权威，形成人们不愿违法、不能违法、不敢违法的法治环境，做到有法必依、执法必严、违法必究。公正司法，要求要努力让人民群众在每一个司法案件中都感受到公平正义，所有司法机关都要紧紧围绕这个目标来改进工作，重点解决影响司法公正和制约司法能力的深层次问题。全民守法，要求任何组织或者个人都必须在宪法和法律范围内活动，任何公民、社会组织和国家机关要以宪法和法律为行为准则，依照宪法和法律行使权利或权力、履行义务或职责。

（四）与推进国家治理体系和治理能力现代化同脉共振

全面推进依法治国既是实现国家治理现代化目标的基本要求，又是推进国家治理现代化的重要组成部分。法律的强制性、普遍性、稳定性、公开性、协调性等价值属性满足了国家治理对权威性和有效性的要求。法治在治理现代化过程中具有极为重要的意义。民主、科学、文明、法治是国家治理现代化的基本要求，民主、科学、文明都离不开法治的保障。治理现代化需要通过法治手段进一步具体地对应到治理体系的各个领域和每个方面，需要进一步量化为具体的指标体系，包括国权配置定型化、公权行使制度化、权益保护实效化、治理行为规范化、社会关系规则化、治理方式文明化六个方面。在实现治理法治化的过程中，治理主体需要高度重视法治本身的现代化问题，高度重视法律规范的可实施性，高度重视对全社会法治信仰的塑造，高度重视治理事务对法治的坚守，高度重视司法公信力的培养。

第三节　提高运用法治思维和法治方式的能力

法治思维是指将党中央关于法治中国建设的基本要求，将国家宪法和法律的相关规定运用于判断、思考和决策，法治方式就是运用法治思维处理和解决问题的行为方式。法治思维与法治方式两者之间属于法治要求内化于心、外化于行的辩证统一关系。简言之，用法律观念来判断问题，用法律方式来处理矛盾和纠纷，这就是法治思维和法治方式。正如习近平同志指出的那样，"各级领导干部要提高运用法治思维和法治方式深化改革、推动发展、化解矛盾、维护稳定能力，努力推动形成办事依法、遇事找法、解决问题用法、化解矛盾靠法的良好法治环境，在法治轨道上推动各项工作"。

一、法治思维和法治方式的基本属性

法治思维和法治方式作为治理能力范畴中的一种新要求，它要求党员干部要带头尊法、学法、守法、用法，自觉地在法律授权范围内活动，切实维护国家法制的统一、尊严和权威，依法保障人民享有广泛的民主权利和自由；法治思维和法治方式作为治理能力范畴中的一种新理念，它要求党员干部要带头破除重管理轻服务、重治民轻治官、重权力轻职责等积弊，带头荡除以言代法、以权压法、违法行政等沉疴。中国特色社会主义法治特质决定了法治思维和法治方式集中具有以下几个方面的属性要求：职权法定、权力制约、保障人权、程序正当。

（一）职权法定

职权法定是指行政机关及其公职人员的行政权力，来自法律的明确授权，而非自行设定。因此，行政机关及其公职人员要做到依法行政，首先必须严守法律明确授予的行政职权，必须在法律规定的职权范围内活动。非经法律授权，不得作出行政管理行为；超出法律授权范围，不享有对有关事务的管理权，否则都属于行政违法。正如党的十八届四中全会强调的那样，"行政机关不得法外设定权力，没有法律法规依据不得作出减损公民、法人和其他组织合法权益或者增加其义务的决定"。坚持职权法定，首先在思想上要牢固树立宪法和法律的权威。宪法是国家的根本法，是治国安邦的总章程，任何法律和规范性文件都不得与宪法相抵触。依据宪法而制定的法律是全社会一体遵循的行动准则，任何人都不享有超越法律的特权。要注意培养依法办事的良好工作作风，切实做到办事依法、遇事找法、解决问题用法、化解矛盾靠法，在法治轨道上推动各项工作。有关部门要切实按照中央的要求，把法治建设成效作为衡量各级领导班子和领导干部工作实绩的重要内容，纳入政绩考核指标体系。把能不能遵守法律、依法办事作为考察干部的重要内容，在相同条件下，优先提拔使用法治素养好、依法办事能力强的干部。对特权思想严重、法治观念淡薄的干部要批评教育，不改正的要调离领导岗位。

（二）权力制约

权力制约是中国特色社会主义法治理念中的一项基本原则，这一原则贯穿于宪法始终，体现在各部法律之内。我国现行宪法对国家权力的设定充分体现了权力的分工与制约原则。首先，宪法明确规定国家的一切权力属于人民。其次，宪法在人民代表和国家机关及其工作人员的关系上，规定人民代表由人民选举产生，对人民负责，接受人民监督。人民有权对国家机关及其工作人员提出批评、建议、控告、检举等。再次，宪法规定国家行政机关、审判机关、检察机关都由人大产生，对它负责，受它监督。此外，我国宪法为充分保证执法机关正确执法，还明确规定了行政机关和司法机关在本系统内实行监督和制约。权力制约是法治国家的基本特征。改革开放以来，党和国家高度重视对权力的监督制约，党的十七大报告明确提出，要完善制约和监督机制，保证人民赋予的权力始终用来为人民谋利益；确保权力正确行使，必须让权力在阳光下运行；要坚持用制度管权、管事、管人，建立健全决策权、执行权、监督权既相互制约又相互协调的权力结构和运行机制。习近平总书记在首都各界纪念现行宪法公布施行30周年大会上的讲话中强调"我们要健全权力运行制约和监督体系，有权必有责，用权受监督，失职要问责，违法要追究，保证人民赋予的权力始终用来为人民谋利益"。

（三）保障人权

我们党长期注重尊重和保障人权。早在新民主主义革命时期，中国共产党就在所领导的红色革命根据地内颁布了《中华苏维埃共和国宪法大纲》《陕甘宁边区施政纲领》《陕甘宁边区宪法原则》等宪法性文件，明确规定保障人民权利的内容。抗战时期，为广泛调动一切抗日力量，各根据地人民政府普遍颁布和实施了保障人权的法令。新中国成立后的第一部宪法，就将公民的人身、经济、政治、社会、文化等方面的权利用根本大法的形式固定下来。20世纪80年代末，我们党就明确提出，社会主义中国要把人权旗帜掌握在自己手中。1991年11月1日，国务院新闻办公室向世界公布了新中国第一份《中国的人权状况》的白皮书，以政府文件的形式正面肯定了人权在中国政治发展中的地位。1997年9月，党的十五大明确提出："共产党执政就是领导和支持人民掌握管理国家的权力，实行民主选举、民主决策、民主管理和民主监督，保证人民依法享有广泛的权利和自由，尊重和保障人权。"此后，尊重和保障人权成为了中国共产党执政的基本目标和政治体制改革与民主法制建设的一个重要内容。2004年3月，十届全国人大二次会议通过宪法修正案，首次将"人权"概念载入宪法，明确规定"国家尊重和保障人权"。至此，尊重和保障人权上升为国家的一项宪法原则，成为行政执法活动中一条不应逾越的底线。

（四）程序正当

程序正当是社会主义法治对行政活动提出的一项基本要求。具体地说，程序正当是指行政机关行使行政权力、实施行政管理时，除涉及国家秘密和依法受到保护的商业秘密、个人隐私的外，都应当公开，注意听取公民、法人和其他组织的意见；要严格遵循法定程序，依法保障行政管理相对人、利害关系人的知情权、参与权和救济权。履行职责的行政机关工作人员与行政管理相对人存在利害关系时，应当回避。实践中，以保密为由拒绝向相对人提供依法应当提供的相关信息；作出行政决定没有听取相对人的意见和申辩；履行行政职责的行政机关工作人员缺乏回避意识等情况屡见不鲜。这种重实体、轻程序的现象历史上长期存在，行政机关与相对人之间更多地表现为一种命令与服从的关系。改革开放以来，尤其是在全面推进依法治国的进程中，程序正当逐步被提到了应有的位置。程序正当在许多单行法中有着明确的规定。如行政处罚法第四十二条就明确规定，行政机关作出责令停产停业、吊销许可证或者执照、较大数额罚款等行政处罚决定之前，应当告知当事人有要求举行听证的权利；当事人要求听证的，行政机关应当组织听证。党的十八届三中全会更是明确要求："完善行政执法程序，规范执法自由裁量权，加强对行政执法的监督，全面落实行政执法责任制和执法经费由财政保障制度，做到严格规范公正文明执法。"强调程序正义，不仅在于它是法治文明进步的重要成果，而且在于程序正义的维护和实现有助于增强法律实施的可接受性。

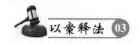

化解矛盾终究须靠法

2005年6月11日凌晨4时30分，为驱赶因征地补偿纠纷而在工地驻守阻止施工的河北省定州市某村部分村民，260余名社会闲散人员携带猎枪、棍棒、铁管、弩等工具，肆意使用暴力进场驱赶、伤害村民，造成6人死亡，15人重伤，多人轻伤、轻微伤的特别严重后果。最终，该案的组织策划者、骨干分子等主要案犯全部被抓获，共有248名犯罪嫌疑人到案。已批捕31人，刑拘131人。该案中定州市原市委书记和某等6人被判处无期徒刑，剥夺政治权利终身；其他被告人分别被判处15年至6年有期徒刑。

定州"6·11"案件是因河北省有史以来投资最大的项目——国华定州发电有限公司征地而引发。国华定州发电有限公司是国家"十五"时期重点项目，该项目能够落户定州，是经过六届市委、市政府的艰苦努力，历时13年才争取到的。如此一个争取多年才得到的项目，之所以最终引发了特别严重的后果，固然由很多方面的原因所造成，但其中最为直接的一个原因在于，原市委书记和某面临着久拖不决的征地事件，没有"办事依法、遇事找法、解决问题用法、化解矛盾靠法"，而是轻信了"小兄弟"的承诺，适当给村民们一点教训，结果一批社会闲杂人员凌晨闯入现场，场面顿时失控。此时，尽管和某在现场曾带着哭腔劝说不能伤及村民身体要害部位，但也无力回天。事情的最终结局还是回到法律的层面上来解决，但却付出了极其沉痛的代价。

二、培养法治思维和法治方式的基本途径

全面推进依法治国是国家治理领域的一场深刻革命，培养法治思维和法治方式是一项长期的系统工程。实践表明，任何一种思维方式和行为方式的养成，往往都要经历一个深入学习、深刻领会、坚定信念、反复践行、形成习惯，最后升华到品格的过程。法治思维和法治方式的培养，既是个理论问题又是个实践问题，因此更不会例外。

（一）在深入学习中提高认识

通过长期的不懈努力，一个立足中国国情和实际、适应改革开放和社会主义现代化建设需要、集中体现党和人民意志的，以宪法为统帅，以宪法相关法、民法、

商法等多个法律部门的法律为主干，由法律、行政法规、地方性法规与自治条例、单行条例等多层次法律规范构成的中国特色社会主义法律体系已经形成。这个法律体系是法治思维和法治方式的基础内容和基本遵循。因此，培养法治思维和法治方式，必须要结合实际，深入学习宪法和法律的相关规定，切实做到严格依法行使职权、履行职责。

（二）在依法履职中严守底线

党的十八届四中全会明确提出了法治建设的"五项原则"，即坚持中国共产党的领导、坚持人民主体地位、坚持法律面前人人平等、坚持依法治国和以德治国相结合、坚持从中国实际出发，从而为党员干部树立正确的法治理念指明了根本方向，提供了基本遵循。全会还明确要求"行政机关要坚持法定职责必作为，法无授权不可为"。坚持依法履行职责、法无授权不可为是依法行政的底线。行政机关的岗位职责来自法律授权，必须要牢固树立岗位权力清单意识，在想问题、作决策和办事情中，必须严格遵循法律规则和法定程序，切实做到依法尽职、依法行权。

（三）在依法决策中化解风险

在依法治国不断深入、法律制度不断完备、法律责任日渐明晰的当今，行政机关不依法决策往往成为行政权力运行中的一大风险，成为行政机关承担法律责任、坐上被告席的一大原因。为此，党的十八届四中全会明确提出要健全依法决策机制。各级行政机关及公职人员必须强化责任意识和风险意识，严格遵守重大行政决策法定程序，采取公众参与、专家论证、风险评估、合法性审查、集体讨论决定等法定的程序和办法，确保决策内容合法、程序合法，切实有效防范因决策违法而承担的相应法律责任。

（四）在文明执法中培养品格

依法行政是文明执法的基础和保障，行政公开是文明执法的重要标志。党的十八届三中全会明确要求，"推行地方各级政府及其工作部门权力清单制度，依法公开权力运行流程。完善党务、政务和各领域办事公开制度，推进决策公开、管理公开、服务公开、结果公开"。行政机关及公职人员唯有依据相关法规制度，细化执法操作流程，明确执法权限、坚守法律底线，切实按照法定的许可、收费、检查、征收、处罚和强制等法定权限和程序要求，严格规范和监督执法行为，才能在维护人民群众切身利益的过程中，树立起人民公仆的良好形象，才能有效培养良好的法治思维和法治行为的工作作风与品格。

（五）在接受监督中展示形象

公正执法、带头守法是依法行政的生命力所在。2002年11月召开的党的十六大就明确提出了"加强对执法活动的监督，推进依法行政"。2014年召开的党的十八届四中全会更是明确要求，"必须以规范和约束公权力为重点，加大监督力度，做到有权必有责、用权受监督、违法必追究，坚决纠正有法不依、执法不严、违法不究行为"。强化行政执法监督成为推进依法行政和建设法治政府的一项重要抓手。行政机关及其公职人员在行政执法过程中，要依法自觉接受人大机关的法律监督、上级部门的组织监督、人民政协的民主监督、社会公众的群众监督、相关媒体的舆论监督，通过多种形式了解群众心声，彰显行政执法的公平公正属性，展示依法行政、法治政府的良好形象。

权力不能越出制度的笼子

　　某市发展和改革委员会于2010年7月对10家企业作出废弃食用油脂定点回收加工单位备案，其中包括该市某化工厂和某废油脂回收处理中心。2012年11月，该市某区人民政府发出通知，明确指定该市某再生资源开发有限公司实施全区餐厨废弃物收运处理。该区城市管理局和区商务局于2014年3月发出公函，要求落实文件规定，各生猪屠宰场点必须和某再生资源开发有限公司签订清运协议，否则将进行行政处罚。某新能源有限公司对规定不服，诉至法院，请求撤销该文对某再生资源开发有限公司的指定，并赔偿损失。该市中级人民法院一审认为，被告某区政府在文件中的指定，实际上肯定了某再生资源开发有限公司在该区开展餐厨废弃物业务的资格，构成实质上的行政许可。区城市管理局和区商务局作出的公函已经表明被告的指定行为事实上已经实施。根据行政许可法相关规定，行政机关受理、审查、作出行政许可应当履行相应的行政程序，被告在作出指定前，未履行任何行政程序，故被诉行政行为程序违法。被告采取直接指定的方式，未通过招标等公平竞争的方式，排除了其他可能的市场参与者，构成通过行政权力限制市场竞争，违反了该省餐厨废弃物管理办法第十九条和反垄断法第三十二条的规定。被告为了加强餐厨废弃物处理市场监管的需要，对该市场的正常运行作出必要的规范和限制，但不应在行政公文中采取明确指定某一公司的方式。原告某新能源有限公司对其赔偿请求未提交证据证实，法院对此不予支持。遂判决撤销被告在文件中对某再生资源开发有限公司指定的行政行为，驳回原告的其他诉讼请求。一审宣判后，双方当事人均未上诉。

　　我国法院每年办理的10余万件一审行政案件中，与经济管理和经济领域行政执法密切相关的案件占到30%以上，涉及的领域和类型也越来越丰富。本案是涉及行政垄断的典型案件。行政垄断指行政机关滥用行政权力，违法提高市场准入门槛、违法指定特定企业从事特定业务、违法设置条件限制其他企业参与竞争等行为。它侵犯了市场主体的公平竞争权，对经济活动的正常运行、商品的自由流通乃至政府的内外形象都会造成较大破坏和不利影响，我国反垄断法和反不正当竞争法对此明令禁止。本案中，该区政府在行政公文中直接指定某再生资源开发有限公司，未通过招标等公平竞争方式，排除了其他可能的市场参与者，构成通过行政权力限制市场竞争的违法情形。新修改的行政诉讼法将"滥用行政权力侵犯公平竞争权"明确纳入受案范围，就是为突出行政审判对市场正常竞争秩序的有力维护。随着法治的不断进步，公民、法人等各类市场主体在运用行政诉讼法律武器依法维权、监督和规制行政垄断方面，将发挥越来越大的作用。

第四节　"谁执法谁普法"的普法责任制

2015年是全面推进依法治国的开局之年，如何让法治理念、法治思维、法治精神、法治信仰入脑入心，成为全民共识，是深入开展普法教育的关键。中共中央、国务院转发了《中央宣传部、司法部关于在公民中开展法治宣传教育的第七个五年规划（2016—2020年）》提出，实行国家机关"谁执法谁普法"的普法责任制。"谁执法谁普法"，即以法律所调整的社会关系的种类和所涉及的部门、行业为主体，充分发挥行业优势和主导作用，在抓好部门、行业内部法治宣传教育的同时，负责面向重点普法对象，面向社会宣传本部门、本行业所涉及和执行的法律法规。实行"谁执法谁普法"工作原则，是贯彻落实"七五"普法规划的重要举措，有利于充分发挥执法部门、行业职能的优势和主导作用，扩大普法依法治理工作覆盖面，增强法治宣传教育的针对性、专业性，促进执法与普法工作的有机结合，进一步加大普法工作力度，真正形成部门、行业分工负责、各司其职、齐抓共管的大普法工作格局。

一、"谁执法谁普法"是法治国家的新要求

实行国家机关"谁执法谁普法"的普法责任制，建立法官、检察官、行政执法人员、律师等以案释法制度，加强普法讲师团、普法志愿者队伍建设。执法和司法人员普法具有天然的优势。严格执法、公正司法是法治信仰最好的支撑，也是最好的普法实践。将普法与立法、司法、执法关联在一起具有重要的现实意义。法的执行力既需要靠执法机关执法办案，也要靠全民守法来实现。法的贯彻执行需要靠大家守法，守法的前提是普法，让百姓知道法律。"谁执法谁普法"体现了法治中国的新要求，凸显了执法主体对普法的重要责任。执法机关对其执法对象、执法内容、执法当中存在的问题最了解，他们开展普法也更具针对性、及时性、有效性。国家机关的工作涉及人民群众学习、生活、工作的方方面面，由执法者在为群众办事过

程中进行普法教育，更具有亲历性和普及性，更利于人民群众接受。如交警部门宣传交通法规，税务部门宣传税法，劳动保障部门宣传劳动保障的相关法律法规。

二、"谁执法谁普法"指导思想

以党的十八大和十八届三中、四中全会精神及习近平总书记系列重要讲话精神为指导，坚持围绕中心、服务大局，坚持创新形式、注重实效，坚持贴近基层、服务群众，以建立健全法治宣传教育机制为抓手，以开展"学习宪法、尊法守法"等主题活动为载体，通过深入开展法治宣传教育，充分发挥法治宣传教育在法治建设中的基础性作用，进一步形成分工负责、各司其职、齐抓共管的普法工作格局，通过实行"谁执法谁普法"教育活动，普及现有法律法规，提升执法人员的法治观念和行政执法水平，增强相关法治主体的法律意识，营造全社会关注、关心法治的浓厚氛围，推动形成自觉守法用法的社会环境，为经济建设营造良好的法治环境。

三、"谁执法谁普法"工作原则

（一）坚持执法办案与普法宣传相结合的原则

使普法宣传教育渗透执法办案全过程，利用以案释法、以案普法、以案学法等方式普及法律常识，通过文明执法促进深度普法，通过广泛普法促进文明执法。在各行业监管中，以行政执法、公众参与、以案释法为导向，形成行政执法人员以案释法工作长效机制，实行长态化普法。在执法工作中，要加大对案件当事人的法律宣传教育，只有在当事人中积极进行法律知识和典型案例的宣传，才能起到事半功倍的宣传效果，才能让广大群众更为有效地学习法律知识，才能从实际案件中学法、懂法、用法，有效维护自身权利。

（二）坚持日常宣传与集中宣传相结合的原则

各机关单位根据担负职能和工作特点，在广泛开展法治宣传的同时，以各自业务领域为主要方向，结合"宪法法律宣传月"和"3·15""12·4"法治宣传日等特殊时段和节点。面向执法对象、服务对象和社会公众开展广泛的群众性法治宣传活动。开展各类重点突出、针对性强的集中法治宣传活动，切实增强工作的实效性。

（三）坚持上下联动和属地管理相结合的原则

强化上级部门对下级部门、主管部门对下属单位的指导，坚持市、县、乡三级联动普法。落实普法工作属地管理责任，强化地方党委政府对部门普法工作的监督考核，努力形成党委领导、人大监督、政府实施、政协支持、各部门协作配合、全社会共同参与的法治宣传教育新格局。

四、"谁执法谁普法"的主要任务

（一）切实落实普法工作责任制

"谁执法谁普法"工作责任主体要结合自身实际，将普法工作纳入全局工作统筹安排，制订切实可行的年度普法工作计划。健全完善普法领导机制，明确领导职责，加强普法办公室的建设，保证普法工作所需人员和经费。

（二）着力强化法律法规宣传教育

1. 认真开展面向社会的普法活动

结合"12·4"国家宪法日、"4·7"世界卫生日、"7·11"世界人口日等各种主题活动，通过集中宣传咨询、印发资料、LED屏滚动播出等方式，以及网站、微信、微博、广播、电视、报刊等传播平台，围绕行业普法工作重点以及群众关心的热点问题和行业执法工作的重点，开展面向大众的法治宣传教育活动。

2. 扎实做好系统内人员的法治教育

以社会主义法治理念、宪法和国家基本法律法规、依法行政以及反腐倡廉、预防职务犯罪等法律知识为重点，把法治教育与政治理论教育、理想信念教育、职业道德教育、党的优良传统和作风教育结合起来，通过集中办班、举办讲座、召开研讨交流会、组织或参加法律知识考试、自学等方式，加大系统内工作人员法治学习力度，不断增强领导干部和工作人员的法治理念、法律素养和依法行政、依法管理的能力。

（三）大力推进普法执法有机融合

寓普法于执法之中，把普法与执法紧密结合起来，使执法过程成为最生动的普法实践，大力促进普法与执法的有机融合。让法治宣传渗透执法办案的各环节、全过程，利用以案释法、现身说法等形式向社会大众传播法律、宣传法律，通过深化普法，预防违法行为，减少执法阻力，巩固执法成果。

（四）全面建立以案释法制度体系

1. 建立典型案例评选制度

以案释法是利用身边或实际生活中发生的案例诠释法律的过程，要精心筛选具有重大典型教育意义、社会关注度高、与群众关系密切的"身边的案例""成熟的案例""针对性强的案例"，作为释法重点。定期开展行政执法案卷质量评查活动，评选出具有行业特点且与社会大众生活健康息息相关的典型案例。

2. 建立典型案例传播制度

通过在部门网站设立以案释法专栏、免费发放典型案例宣传册等方式，以案释法、以案讲法，让公众进一步了解事实认定、法律适用的过程，了解案件审理、办结的情况。加强与新闻媒体的联系协调，推动落实新闻媒体的公益普法责任，充分发挥新闻媒体的法治传播作用。探索与媒体合作举办以案释法类节目，邀请媒体参与执法，积极引导社会法治风尚，增强法治宣传的传播力和影响力。

3. 建立以案释法公开告知制度

在执法过程中，即时告知执法的法律依据，让行政相对人充分了解有关法律规定，知晓自身行为的违法性、应受到的处罚以及维权救济途径。有针对性地分行业定期举办执法相对人法律法规知识培训，通过强化岗前培训、岗位复训、分层培训，切实提高从业人员自身素质和法治意识。与社区合作，通过举办法治讲座、法律讲堂和开展送法进社区等形式，深入浅出地宣传法律及执法情况，释疑解惑，为各类普法对象宣讲典型案例，以身边人说身边事，用身边事教育身边人，推动法治宣传教育贴近基层、贴近百姓、贴近生活。

五、"谁执法谁普法"的工作要求

（一）高度重视，提高认识

充分认识法治宣传教育对全面推进法治建设的重要意义，实行国家机关"谁执法谁普法"的普法责任制是党的十八届四中全会提出的推动全社会树立法治意识的重要举措，也是推动"七五"普法决议落实、全面完成"七五"普法规划的工作要求。要充分认识开展这项工作的重要性和艰巨性，坚持把全民普法和守法作为依法治国的长期基础性工作，常抓不懈，把落实普法责任作为一项基本的职能工作。

（二）加强领导，明确责任

"谁执法谁普法"是一项涉及面广、工作要求高的系统工程，各单位和部门应按照中央的要求，切实加强对"谁执法谁普法"工作的组织领导，具体抓好落实。要明确工作目标、细化工作方案、创新工作举措、落实工作责任，确保"谁执法谁普法"工作落到实处，见到实效。

（三）创新模式，增强实效

充分发挥主导作用和职能优势，全面结合职责范围、行业特点、普法对象的实际情况和依法治理需要及社会热点，及时跟进相关法律法规的重点宣传。发挥广播、电视、报刊、网络和移动通讯等大众媒体的重要作用，用群众喜闻乐见、寓教于乐的形式突出以案释法、以案普法等，通过多种形式创新开展有特色、有影响、有实效的法治宣传。

（四）强化考核，落实责任

将"谁执法谁普法"工作落实情况纳入依法治理的目标绩效考核，同时对普法宣传工作进行督查，对采取措施不得力、工作不到位、目标未完成的单位予以督促并统一纳入年终考核评价体系，对工作突出的先进集体和先进个人予以表扬。

第二章

宪　法

　　宪法是国家的根本大法。它规定了社会各阶级在国家中的地位，是新时期党和国家的中心工作、基本原则、重大方针、重要政策在国家法制上的最高体现，是国家的根本法和治国安邦的总章程。

　　我国现行宪法符合国情、符合实际、符合时代发展要求，充分体现了人民共同意志、充分保障了人民民主权利、充分维护了人民根本利益，是推动国家发展进步、保障人民生活幸福、保障中华民族实现伟大复兴的根本制度。

　　宪法具有最高的法律效力，任何组织和个人都必须尊重宪法法律权威，都必须在宪法法律范围内活动，都必须依照宪法法律行使权力或权利、履行职责或义务，都不得有超越宪法法律的特权。

第一节　概述

一、宪法是国家的根本大法

　　宪法是规定国家根本制度和根本任务，规定国家机关的组织与活动的基本原则，确认和保障公民基本权利，集中表现各种政治力量对比关系的国家根本法。

　　宪法的根本性表现在以下四个方面：

　　第一，在内容上，宪法规定国家的根本制度、政权组织形式、国家结构形式、公民基本权利和基本义务、宪法实施的保障等内容，反映一个国家政治、经济、文化和社会生活的基本方面。

　　第二，在效力上，宪法在整个法律体系中处于最高的地位，具有最高效力。它是其他法律的立法依据，其他的一般法律都不得抵触宪法。

第三，在规范性上，宪法是各政党、一切国家机关、武装力量、社会团体和全体公民的最根本的行为准则。

第四，在修改程序上，宪法的制定和修改程序比其他一般法律的程序更为严格。

二、我国宪法的地位

中华人民共和国成立后，国家先后颁行了四部宪法。我国的现行宪法是在1982年通过的，至今已经进行了四次修改。

宪法以法律的形式确认了我国各族人民奋斗的成果，规定了国家的根本制度、根本任务和国家生活中最重要的原则，具有最大的权威性和最高的法律效力。全国各族人民、一切国家机关和武装力量、各政党和各社会团体、各企业事业组织，都必须以宪法为根本的活动准则，并负有维护宪法尊严、保证宪法实施的职责。作为根本法的宪法，是中国特色社会主义法律体系的重要组成部分，也是法律体系最核心和最重要的内容。

三、宪法的指导思想

宪法指导思想的明确，经历了一个逐步发展完善的过程。

第一阶段：四项基本原则。

1982年现行宪法制定，确立宪法的指导思想是四项基本原则，即坚持社会主义道路，坚持人民民主专政，坚持中国共产党的领导，坚持马克思列宁主义、毛泽东思想。

第二阶段：建设有中国特色社会主义的理论和党的基本路线。

1993年第二次修宪，以党的十四大精神为指导，突出了建设有中国特色社会主义的理论和党的基本路线。

第三阶段：增加邓小平理论。

1999年第三次修宪，将邓小平理论写入宪法，确立邓小平理论在国家中的指导思想地位。

第四阶段：增加"三个代表"重要思想。

2004年第四次修宪，将"三个代表"重要思想载入宪法，确立其在国家中的指导思想地位。

四、宪法基本原则

（一）人民主权原则

宪法第二条第一款规定："中华人民共和国的一切权力属于人民。""一切权力属于人民"是无产阶级在创建无产阶级政权过程中，在批判性地继承资产阶级民主思想的基础上，对人民主权原则的创造性运用和发展。

（二）基本人权原则

我国宪法第二章"公民的基本权利和义务"专章规定和列举了公民的基本权利，

体现了对公民的宪法保护。2004年的宪法修正案把"国家尊重和保障人权"写入宪法，将中国的宪政发展向前推进了一大步。

（三）法治原则

宪法第五条第一款规定了"中华人民共和国实行依法治国，建设社会主义法治国家"，在宪法上正式确立了法治原则。宪法还规定，一切国家机关和武装力量、各政党和各社会团体、各企业事业组织都必须遵守宪法和法律；一切违反宪法和法律的行为，必须予以追究；任何组织和个人都不得有超越宪法和法律的特权。

（四）民主集中制原则

宪法第三条第一款规定："中华人民共和国的国家机构实行民主集中制的原则。"这既是我国国家机构的组织和活动原则，也是我国宪法的基本原则。

五、宪法确定的国家根本任务

宪法确定的国家的根本任务是：沿着中国特色社会主义道路，集中力量进行社会主义现代化建设。中国各族人民将继续在中国共产党领导下，在马克思列宁主义、毛泽东思想、邓小平理论和"三个代表"重要思想指引下，坚持人民民主专政，坚持社会主义道路，坚持改革开放，不断完善社会主义的各项制度，发展社会主义市场经济，发展社会主义民主，健全社会主义法制，自力更生，艰苦奋斗，逐步实现工业、农业、国防和科学技术的现代化，推动物质文明、政治文明和精神文明协调发展，把我国建设成为富强、民主、文明的社会主义国家。

 以案释法 05

一切违反宪法和法律的行为都必须予以追究

2014年8月12日凌晨，公安分局民警在处理一起纠纷案件时，发现人大代表张某涉嫌酒后驾车。随后，前来处理的松江交警支队民警对其进行酒精呼气测试，结果为136mg/100mL。另经司法鉴定中心检验和鉴定，张某的血液中乙醇浓度为1.25mg/mL，达到了醉酒状态。经过侦查，张某涉嫌危险驾驶，公安分局决定对张某采取刑事强制措施。由于张某有县人大代表的身份，8月14日，公安分局向该县人大常委会发去关于提请批准对涉嫌危险驾驶罪的县人大代表张某采取刑事拘留强制措施的函。10月24日，县十六届人大常委会二十五次会议听取和审议了关于提请许可对县第十六届人大代表张某采取刑事拘留强制措施并暂停其执行代表职务的议案，并依法进行表决。常委会组成人员21名，实到会17名，表决结果：赞成8票，反对1票，弃权8票。因票数未过常委会组成人员的半数，该议案未获通过。11月27日，警方再次提出对张某采取刑事拘留强制措施的申请，该县人大常委会会议审议通过了再次提请的议案，许可公安分局对张某采取刑事拘留强制措施，并从当日起暂时停止其执行代表职务。

释解

宪法第五条第四款规定："一切国家机关和武装力量、各政党和各社会团体、各企业事业组织都必须遵守宪法和法律。一切违反宪法和法律的行为，必须予以追究。"在我国，任何组织或者个人都不得有超越宪法和法律的特权。从人大代表履职需要出发，我国相关法律赋予人大代表以特别的人身保障权，但法律保护的是人大代表的合法权益而不是违法行为。人大代表身份不能成为违法犯罪行为的"护身符"，本案的侦办体现了"一切违反宪法和法律的行为，必须予以追究"的宪法规定在司法实践中得到严格执行。

第二节　我国的基本政治经济制度

一、我国的基本政治制度

（一）人民民主专政

宪法所称的国家性质又称国体，是指国家的阶级本质，反映社会各阶级在国家中的地位，体现该国社会制度的根本属性。

我国宪法第一条第一款规定"中华人民共和国是工人阶级领导的、以工农联盟为基础的人民民主专政的社会主义国家"，即人民民主专政是我国的国体。这一国体需要从以下方面理解：

第一，工人阶级的领导是人民民主专政的根本标志。工人阶级的领导地位是由工人阶级的特点、优点和担负的伟大历史使命所决定的。工人阶级对国家的领导是通过自己的先锋队——中国共产党来实现的。

第二，人民民主专政包括对人民实行民主和对敌人实行专政两个方面。在人民内部实行民主是实现对敌人专政的前提和基础，而对敌人实行专政又是人民民主的有力保障，两者是辩证统一的关系。人民民主专政实质上就是无产阶级专政。

第三，共产党领导下的多党合作与爱国统一战线是中国人民民主专政的主要特色。爱国统一战线是指由中国共产党领导的，由各民主党派参加的，包括社会主义劳动者、社会主义事业的建设者、拥护社会主义的爱国者和拥护祖国统一的爱国者组成的广泛的政治联盟。目前我国爱国统一战线的任务是为社会主义现代化建设服务，为实现祖国统一大业服务，为维护世界和平服务。

（二）人民代表大会制度

人民代表大会制度是中国人民民主专政的政权组织形式（政体），是中国的根本政治制度。

1. 人民代表大会制度的主要内容

国家的一切权力属于人民。人民行使国家权力的机关是全国人大和地方各级人大。各级人大都由民主选举产生，对人民负责，受人民监督。人大及其常委会集体行使国家权力，集体决定问题，严格按照民主集中制的原则办事。国家行政机关、审判机关、检察机关都由人大产生，对它负责，向它报告工作，受它监督。全国人大是最高国家权力机关，地方各级人大是地方国家权力机关。全国人大和地方各级人大各自按照法律规定的职权，分别审议决定全国的和地方的大政方针。全国人大对地方人大不是领导关系，而是法律监督关系、选举指导关系和工作联系关系。

2. 人民代表大会制度的优越性

人民代表大会制度是适合我国国情的根本政治制度，它直接体现我国人民民主专政的国家性质，是建立我国其他国家管理制度的基础。它有利于保证国家权力体现人民的意志；它有利于保证中央和地方国家权力的统一；它有利于保证我国各民族的平等和团结。

总之，我国人民代表大会制度能够确保国家权力掌握在人民手中，符合人民当家作主的宗旨，适合我国的国情。

（三）中国共产党领导的多党合作和政治协商制度

中国共产党领导的多党合作和政治协商制度是中华人民共和国的一项基本的政治制度，是具有中国特色的政党制度。这种政党制度是由中国人民民主专政的国家性质决定的。

1. 多党合作制度的基本内容

中国共产党是执政党，各民主党派是参政党，中国共产党和各民主党派是亲密战友。中国共产党是执政党，其执政的实质是代表工人阶级及广大人民掌握人民民主专政的国家政权。各民主党派是参政党，具有法律规定的参政权。其参政的基本点是：参加国家政权，参与国家大政方针和国家领导人人选的协商，参与国家事务的管理，参与国家方针、政策、法律、法规的制定和执行。中国共产党和各民主党派合作的首要前提和根本保证是坚持中国共产党的领导和坚持四项基本原则。中国共产党与各民主党派合作的基本方针是"长期共存，互相监督，肝胆相照，荣辱与共"。中国共产党和各民主党派以宪法和法律为根本活动准则。

2. 多党合作的重要机构

中国人民政治协商会议，简称"人民政协"或"政协"，是中国共产党领导的多党合作和政治协商的重要机构，也是中国人民爱国统一战线组织。中国人民政治协商会议是在中国共产党领导下，由中国共产党、各个民主党派、无党派民主人士、人民团体、各少数民族和各界的代表，台湾同胞、港澳同胞和归国侨胞的代表，以及特别邀请的人士组成，具有广泛的社会基础。

人民政协的性质决定了它与国家机关的职能是不同的。人民政协围绕团结和民主两大主题履行政治协商、民主监督和参政议政的职能。

（四）民族区域自治制度

民族区域自治制度，是指在国家统一领导下，各少数民族聚居的地方实行区域自治，设立自治机关，行使自治权的制度。

1.自治机关

民族自治地方按行政地位，分为自治区、自治州、自治县。自治区相当于省级行政单位，自治州是介于自治区与自治县之间的民族自治地方，自治县相当于县级行政单位。民族自治地方的自治机关是自治区、自治州、自治县的人大和人民政府。民族自治地方的自治机关实行人民代表大会制度。

2.自治权

民族自治地方的自治权有以下几个方面：

（1）民族立法权。民族自治地方的人大有权依照当地的政治、经济和文化的特点，制定自治条例和单行条例。

（2）变通执行权。上级国家机关的决议、决定、命令和指标，如果不适合民族自治地方实际情况，自治机关可以报经上级国家机关批准，变通执行或者停止执行。

（3）财政经济自主权。凡是依照国家规定属于民族自治地方的财政收入，都应当由民族自治地方的自治机关自主安排使用。

（4）文化、语言文字自主权。民族自治地方的自治机关在执行公务的时候，依照本民族自治地方自治条例的规定，使用当地通用的一种或者几种语言文字。

（5）组织公安部队权。民族自治地方的自治机关依照国家的军事制度和当地的实际需要，经国务院批准，可以组织本地方维护社会治安的公安部队。

（6）少数民族干部具有任用优先权。

（五）基层群众自治制度

基层群众自治制度是指人民依法组成基层自治组织，行使民主权利，管理基层公共事务和公益事业，实行自我管理、自我服务、自我教育、自我监督的一项制度。

中国的基层群众自治制度，是在新中国成立后的民主实践中逐步形成的。党的十七大将"基层群众自治制度"首次写入党代会报告，正式与人民代表大会制度、中国共产党领导的多党合作和政治协商制度、民族区域自治制度一起，纳入了中国特色政治制度范畴。

我国的基层群众自治组织主要是居民委员会和村民委员会。

二、我国的基本经济制度

（一）所有制度

1.我国的所有制结构概述

我国的所有制结构是公有制为主体、多种所有制经济共同发展。这是我国社会主义初级阶段的一项基本经济制度，它的确立是由我国的社会主义性质和初级阶段的国情决定的。我国是社会主义国家，必须坚持把公有制作为社会主义经济制度的基础。我国处在社会主义初级阶段，需要在公有制为主体的条件下发展多种所有制经济。一切符合"三个有利于"的所有制形式都可以而且应该用来为社会主义服务。我国社会主义建设正反两方面的经验都表明必须坚持以公有制为主体、多种所有制经济共同发展。

2.公有制

（1）公有制的内容。公有制是生产资料归劳动者共同所有的所有经济结构形式，包括全民所有制和集体所有制。全民所有制经济即国有经济，是国民经济的主导力量。国家保障国有经济的巩固和发展。集体所有制经济是国民经济的基础力量。国家保护城乡集体经济组织的合法权利和利益，鼓励、指导和帮助集体经济的发展。

（2）公有制的地位。公有制是我国所有制结构的主体，它的主体地位体现在：第一，就全国而言，公有资产在社会总资产中占优势；第二，国有经济控制国民经济的命脉，对经济发展起主导作用。国有经济的主导作用主要体现在控制力上，即体现在控制国民经济发展方向，控制经济运行的整体态势，控制重要稀缺资源的能力上。在关系国民经济的重要行业和关键领域，国有经济必须占支配地位。

（3）公有制的作用。生产资料公有制是社会主义的根本经济特征，是社会主义经济制度的基础，是国家引导、推动经济和社会发展的基本力量，是实现最广大人民群众根本利益和共同富裕的重要保证。坚持公有制为主体，国有经济控制国民经济命脉，对发挥社会主义制度的优越性，增强我国的经济实力、国防实力和民族凝聚力，提高我国国际地位，具有关键性作用。

3.非公有制

非公有制经济是我国现阶段除了公有制经济形式以外的所有经济结构形式，主要包括个体经济、私营经济、外资经济等。

（1）个体经济，是由劳动者个人或家庭占有生产资料，从事个体劳动和经营的所有制形式。它是以劳动者自己劳动为基础，劳动成果直接归劳动者所有和支配。

（2）私营经济，是以生产资料私有和雇佣劳动为基础，以取得利润为目的的所有制形式。

（3）外资经济，是我国发展对外经济关系，吸引外资建立起来的所有制形式。

它包括中外合资经营企业、中外合作经营企业中的境外资本部分，以及外商独资企业。

非公有制经济是我国社会主义市场经济的重要组成部分，国家保护个体经济、私营经济等非公有制经济的合法权利和利益，鼓励、支持和引导非公有制经济的发展，并对非公有制经济依法实行监督和管理。

（二）分配制度

我国现行的分配制度是以按劳分配为主体、多种分配方式并存的分配制度。这种分配制度是由我国社会主义初级阶段的生产资料所有制结构、生产力的发展水平，以及人们劳动差别的存在决定的，同时也是发展社会主义市场经济的客观要求。

按劳分配的主体地位表现在：（1）全社会范围的收入分配中，按劳分配占最大比重，起主要作用；（2）公有制经济范围内劳动者总收入中，按劳分配收入是最主要的收入来源。除了按劳分配以外，其他分配方式主要还包括按经营成果分配；按劳动、资本、技术、土地等其他生产要素分配。

第三节　公民的基本权利和义务

一、公民的基本权利

公民的基本权利是由一国的宪法规定的公民享有的，主要的、必不可少的权利，故有些国家又把公民的基本权利称为宪法权。

（一）平等权

宪法第三十三条第二款规定："中华人民共和国公民在法律面前一律平等。"这既是我国社会主义法治的一项重要原则，也是我国公民的一项基本权利。其含义有以下几点：第一，我国公民不分民族、种族、性别、职业、家庭出身、宗教信仰、教育程度、财产状况、居住期限，一律平等地享有宪法和法律规定的权利并平等地承担相应的义务；第二，国家机关对公民平等权利进行保护，对公民履行义务平等进行约束；第三，所有公民在适用法律上一律平等，不允许任何组织和个人有超越宪法和法律之上的特权；第四，法律面前一律平等还包括民族平等和男女平等。

（二）政治权利和自由

1.选举权与被选举权

宪法第三十四条规定："中华人民共和国年满十八周岁的公民，不分民族、种族、性别、职业、家庭出身、宗教信仰、教育程度、财产状况、居住期限，都有选举权和被选举权；但是依照法律被剥夺政治权利的人除外。"选举权与被选举权包含以下内容：公民有权按照自己的意愿选举人民代表；公民有被选举为人民代表的权利；

公民有依照法定程序罢免那些不称职的人民代表的权利。

选举权和被选举权是公民参加国家管理的一项最基本的政治权利,也是最能体现人民群众当家作主的一项权利。

2. 言论、出版、集会、结社、游行、示威的自由

宪法第三十五条规定:"中华人民共和国公民有言论、出版、集会、结社、游行、示威的自由。"言论自由就是宪法规定公民通过口头或书面形式表达自己意见的自由。出版自由是公民以出版物形式表达其思想和见解的自由。集会自由是指公民享有宪法赋予的聚集在一定场所商讨问题或表达意愿的自由。结社自由是公民为一定宗旨,依照法定程序组织或参加具有连续性的社会团体的自由。游行自由是指公民采取列队行进的方式来表达意愿的自由。示威自由是指通过集会或游行、静坐等方式表达强烈意愿的自由。

我国宪法一方面保障公民享有集会、游行、示威等自由,另一方面也规定了公民应当遵守有关的法律规定。

（三）宗教信仰自由

宪法第三十六条第一款规定:"中华人民共和国公民有宗教信仰自由。"尊重和保护宗教信仰自由,是我们党和国家长期的基本政策。

（四）人身自由

宪法第三十七条规定:"中华人民共和国公民的人身自由不受侵犯。任何公民,非经人民检察院批准或者决定或者人民法院决定,并由公安机关执行,不受逮捕。禁止非法拘禁和以其他方法非法剥夺或者限制公民的人身自由,禁止非法搜查公民的身体。"

人身自由有广义、狭义之分。狭义的人身自由是指公民的身体自由不受侵犯。广义的人身自由还包括公民的人格尊严不受侵犯、公民的住宅不受侵犯、公民的通信自由和通信秘密受法律保护。

人身自由不受侵犯,是公民最起码、最基本的权利,是公民参加各种社会活动和享受其他权利的先决条件。

（五）监督权

监督权是指宪法赋予公民监督国家机关及其工作人员的活动的权利,包括:

批评权。公民有对国家机关和国家工作人员工作中的缺点和错误提出批评意见的权利。

建议权。公民有对国家机关和国家工作人员的工作提出合理化建议的权利。

控告权。公民对任何国家机关和国家工作人员的违法失职行为有向有关机关进行揭发和指控的权利。

检举权。公民对于违法失职的国家机关和国家工作人员,有向有关机关揭发事

实，请求依法处理的权利。

申诉权。公民的合法权益因行政机关或司法机关作出的错误的、违法的决定或裁判，或者因国家工作人员的违法失职行为而受到侵害时，有向有关机关申诉理由、要求重新处理的权利。

（六）社会经济权利

劳动权。劳动权是指有劳动能力的公民有获得工作并取得相应报酬的权利。

休息权。休息权是为保护劳动者的身体健康和提高劳动效率而休息的权利。

退休人员生活保障权。退休人员生活保障权是指退休人员的生活受到国家和社会保障的权利。

获得物质帮助权。获得物质帮助权是指公民在年老、疾病或者丧失劳动能力的情况下，有从国家和社会获得物质帮助的权利。

（七）文化教育权利

公民有受教育的权利。公民享有从国家接受文化教育的机会和获得受教育的物质帮助的权利。

公民有进行科研、文艺创作和其他文化活动的自由。我国宪法规定，公民有进行科学研究、文学艺术创作和其他文化活动的自由。国家对于从事教育、科学、技术、文学、艺术和其他文化事业的公民的有益于人民的创造性工作，给以鼓励和帮助。

（八）对社会特定人的权利的保护

国家保护妇女的权利和利益。宪法第四十八条规定："中华人民共和国妇女在政治的、经济的、文化的、社会的和家庭的生活等各方面享有同男子平等的权利。国家保护妇女的权利和利益，实行男女同工同酬，培养和选拔妇女干部。"

婚姻、家庭、老人和儿童受国家的保护。宪法第四十九条规定，婚姻、家庭、母亲和儿童受国家的保护；禁止破坏婚姻自由，禁止虐待老人、妇女和儿童。

国家保护华侨、归侨和侨眷的权利和利益。宪法第五十条规定："中华人民共和国保护华侨的正当的权利和利益，保护归侨和侨眷的合法的权利和利益。"

二、公民的基本义务

宪法规定的公民基本义务包括：

第一，维护国家统一和各民族团结的义务。宪法第五十二条规定："中华人民共和国公民有维护国家统一和全国各民族团结的义务。"

第二，遵纪守法和尊重社会公德的义务。宪法第五十三条规定："中华人民共和国公民必须遵守宪法和法律，保守国家秘密，爱护公共财产，遵守劳动纪律，遵守公共秩序，尊重社会公德。"

第三，维护祖国的安全、荣誉和利益的义务。宪法第五十四条规定："中华人民共和国公民有维护祖国的安全、荣誉和利益的义务，不得有危害祖国的安全、荣誉和利益的行为。"

第四，保卫祖国，依法服兵役和参加民兵组织。宪法第五十五条规定："保卫祖国、抵抗侵略是中华人民共和国每一个公民的神圣职责。依照法律服兵役和参加民兵组织是中华人民共和国公民的光荣义务。"

第五，依法纳税的义务。宪法第五十六条规定："中华人民共和国公民有依照法律纳税的义务。"

第六，其他义务。宪法规定的公民基本义务还包括：劳动的义务、受教育的义务、夫妻双方有实行计划生育的义务、父母有抚养教育未成年子女的义务以及成年子女有赡养扶助父母的义务等。

第四节　国家机构的设置及功能

一、国家机构的概述

国家机构是国家为了实现其职能而建立起来的国家机关的总和。我国国家机构由权力机关、行政机关、军事机关、审判机关、检察机关组成。我国国家机构的组织和活动有五大原则：一是民主集中制原则；二是联系群众，为人民服务原则；三是社会主义法治原则；四是责任制原则；五是精简和效率原则。

二、权力机关

（一）全国人大及其常委会

1. 全国人大

全国人大是全国最高的权力机关、立法机关，不只是在权力机关中的地位最高，而且在所有的国家机关中地位最高。全国人大由省、自治区、直辖市、特别行政区和军队选出的代表组成。各少数民族都应当有适当名额的代表。全国人大每届任期五年。

全国人大的主要职权：

立法权。修改宪法，制定和修改刑事、民事、国家机构的和其他的基本法律。

任免权。选举、决定和任免最高国家机关领导人和有关组成人员。

决定权。决定国家重大事务。

监督权。监督宪法和法律的实施，监督最高国家机关的工作。

2. 全国人大常委会

全国人大常委会是全国人大的常设机关，是最高国家权力机关的组成部分，在全国人大闭会期间，行使最高国家权力。全国人大常委会对全国人大负责并报告工作。全国人大选举并有权罢免全国人大常委会的组成人员。全国人大常委会每届任期与全国人大每届任期相同，它行使职权到下届全国人大选出新的常委会为止。

（二）地方各级人大及人大常委会

地方各级人大是地方权力机关。省、自治区、直辖市、县、市、市辖区、乡、民族乡、镇设立人大。县级以上的地方各级人大设立常委会，作为本级人大的常设机关。县级以上地方各级人大及其常委会委员每届任期五年。

（三）民族自治地方各级人大及人大常委会

民族自治地方的权力机关是自治区、自治州、自治县的人民代表大会。

民族自治地方的人民代表大会有权依照当地民族的政治、经济和文化的特点，制定自治条例和单行条例。自治区的自治条例和单行条例，报全国人民代表大会常务委员会批准后生效。自治州、自治县的自治条例和单行条例，报省或者自治区的人民代表大会常务委员会批准后生效，并报全国人民代表大会常务委员会备案。

三、国家主席

国家主席是我国国家机构体系中的一个国家机关，和全国人大常委会结合起来行使国家职权，对外代表中华人民共和国。

国家主席、副主席，由全国人大选举产生，任期是五年，连续任期不得超过两届。

国家主席根据全国人民代表大会的决定和全国人民代表大会常务委员会的决定，公布法律，任免国务院总理、副总理、国务委员、各部部长、各委员会主任、审计长、秘书长，授予国家的勋章和荣誉称号，发布特赦令，宣布进入紧急状态，宣布战争状态，发布动员令。

国家主席代表中华人民共和国进行国事活动，接受外国使节；根据全国人民代表大会常务委员会的决定，派遣和召回驻外全权代表，批准和废除同外国缔结的条约和重要协定。

四、行政机关

（一）国务院

国务院即中央人民政府，是国家最高行政机关，是国家最高权力机关的执行机关，统一领导全国各级行政机关的工作。

国务院由总理、副总理、国务委员、各部部长、各委员会主任、审计长、秘书长组成，国务院组成人员的任期为五年，总理、副总理、国务委员的连续任期不得超过两届。

国务院向全国人大及其常委会负责并报告工作，总理领导国务院的工作，副总理、国务委员协助总理工作。

国务院行使以下职权：第一，根据宪法和法律，规定行政措施，制定行政法规，发布决定和命令；第二，向全国人民代表大会或者全国人民代表大会常务委员会提出议案；第三，规定各部和各委员会的任务和职责，统一领导各部和各委员会的工作，并且领导不属于各部和各委员会的全国性的行政工作；第四，统一领导全国地方各级国家行政机关的工作，规定中央和省、自治区、直辖市的国家行政机关的职权的具体划分；第五，编制和执行国民经济和社会发展计划和国家预算；第六，领导和管理经济工作和城乡建设；第七，领导和管理教育、科学、文化、卫生、体育和计划生育工作；第八，领导和管理民政、公安、司法行政和监察等工作；第九，管理对外事务，同外国缔结条约和协定；第十，领导和管理国防建设事业；第十一，领导和管理民族事务，保障少数民族的平等权利和民族自治地方的自治权利；第十二，保护华侨的正当的权利和利益，保护归侨和侨眷的合法的权利和利益；第十三，改变或者撤销各部、各委员会发布的不适当的命令、指示和规章；第十四，改变或者撤销地方各级国家行政机关的不适当的决定和命令；第十五，批准省、自治区、直辖市的区域划分，批准自治州、县、自治县、市的建置和区域划分；第十六，依照法律规定决定省、自治区、直辖市的范围内部分地区进入紧急状态；第十七，审定行政机构的编制，依照法律规定任免、培训、考核和奖惩行政人员；第十八，全国人民代表大会和全国人民代表大会常务委员会授予的其他职权。

（二）地方各级人民政府

地方各级人民政府是地方国家行政机关，也是地方各级人大的执行机关。地方各级人民政府对本级人大和上一级国家行政机关负责并报告工作。县级以上的地方各级人民政府在本级人大闭会期间，对本级人大常委会负责并报告工作。地方各级人民政府都受国务院统一领导，负责组织和管理本行政区域的各项行政事务。

（三）民族自治地方各级人民政府

民族自治地方的行政机关是自治区、自治州、自治县的人民政府。民族自治地方各级人民政府行使宪法规定的地方各级人民政府的职权，同时依照宪法、民族区域自治法和其他法律规定的权限行使自治权，根据本地方实际情况贯彻执行国家的法律、政策。

五、军事机关

中央军委是中国共产党领导下的最高军事领导机关，统率全国武装力量（解放军、武装警察部队、民兵、预备役）。

中央军委由主席、副主席、委员组成，实行主席负责制。主席由全国人大选举产生，副主席和委员根据主席的提名由大会决定，大会闭会期间由人大常委会决定。中央军委的委员每届任期五年，主席和副主席可以终身任职。

中央军委实行主席负责制，军委主席直接对全国人大及其常委会负责。

六、审判机关

人民法院是国家的审判机关，依法独立行使审判权，不受行政机关、团体和个人的非法干预。人民法院体系由最高人民法院、地方人民法院（高级人民法院、中级人民法院、基层人民法院）、专门人民法院（军事法院、海事法院、铁路运输法院）构成。

最高人民法院是国家最高的审判机关，地方人民法院是地方的审判机关，专门人民法院是专门审判机关。最高人民法院监督地方各级人民法院和专门人民法院的审判工作，上级人民法院监督下级人民法院的审判工作。

最高人民法院对全国人大和全国人大常委会负责。地方各级人民法院对产生它的国家权力机关负责。

最高人民法院由院长、副院长、庭长、副庭长、审判员等若干人组成。最高人民法院的院长由全国人大选举产生，任期五年，连任不得超过两届。

七、检察机关

人民检察院是国家的法律监督机关，依法独立行使检察权，不受行政机关、社会团体和个人的干涉。

人民检察院体系由最高人民检察院、地方人民检察院和专门人民检察院构成。

最高人民检察院是最高法律监督机关，领导地方各级人民检察院和专门人民检察院的工作，上级人民检察院领导下级人民检察院的工作。

最高人民检察院对全国人大及其常委会负责。地方各级人民检察院对产生它的国家权力机关和上级人民检察院负责。

全国人大选举产生最高人民检察院检察长；根据最高人民检察院检察长的提请，全国人大常委会任免最高人民检察院副检察长、检察员、检察委员会委员和军事检察院检察长，并且批准省、自治区、直辖市的人民检察院检察长的任免。

第五节　国家宪法日和宪法宣誓制度

一、国家宪法日
（一）国家宪法日的设立

党的十八届四中全会通过的《中共中央关于全面推进依法治国若干重大问题的决定》提出，将每年12月4日定为国家宪法日。2014年11月1日，十二届全国人大常委会十一次会议通过的《全国人民代表大会常务委员会关于设立国家宪法日的决定》，正式将12月4日设立为国家宪法日；决定在宪法日，国家通过多种形式开展宪法宣传教育活动。

（二）国家宪法日的设立目的及意义

宪法是国家的根本法，是治国安邦的总章程，具有最高的法律地位、法律权威和法律效力。全面贯彻实施宪法，是全面推进依法治国、建设社会主义法治国家的首要任务和基础性工作。全国各族人民、一切国家机关和武装力量、各政党和各社会团体、各企业事业组织，都必须以宪法为根本的活动准则，并且负有维护宪法尊严、保证宪法实施的职责。任何组织或者个人都不得有超越宪法和法律的特权，一切违反宪法和法律的行为都必须予以追究。国家宪法日设立的目的，是为了增强全社会的宪法意识，弘扬宪法精神，加强宪法实施，全面推进依法治国。设立国家宪法日，有助于树立宪法权威，维护宪法尊严；有助于普及宪法知识，扩大宪法实施的群众基础，加强宪法实施的良好氛围，弘扬中华民族的宪法文化。

二、宪法宣誓制度

（一）宪法宣誓制度的确立及意义

2015年7月1日，十二届全国人大常委会十五次会议通过了《全国人民代表大会常务委员会关于实行宪法宣誓制度的决定》，以国家立法形式确立了我国的宪法宣誓制度，该决定自2016年1月1日起施行。决定指出：宪法是国家的根本法，是治国安邦的总章程，具有最高的法律地位、法律权威和法律效力。国家工作人员必须树立宪法意识，恪守宪法原则，弘扬宪法精神，履行宪法使命。宪法宣誓制度的确立及实行，具有非常重要的意义。

实行宪法宣誓制度有利于树立宪法权威；有利于增强国家工作人员的宪法观念，激励和教育国家工作人员忠于宪法、遵守宪法、维护宪法。宪法宣誓仪式是庄严神圣的，宣誓人员通过感受宪法的神圣，铭记自己的权力来源于人民、来源于宪法，在履行职务时就可以严格按照宪法的授权行使职权，发现违反宪法的行为就能够坚决地捍卫宪法、维护宪法。实行宪法宣誓制度也有利于在全社会增强宪法意识。通过宪法宣誓活动，可以强化全体公民对宪法最高法律效力、最高法律权威、最高法律地位的认识，可以提高全体社会成员自觉遵守宪法，按照宪法规定行使权利和履行义务的能力。

（二）宪法宣誓制度的适用主体

根据《全国人民代表大会常务委员会关于实行宪法宣誓制度的决定》的规定，宪法宣誓制度的适用主体主要有：各级人大及县级以上各级人大常委会选举或者决定任命的国家工作人员，以及各级人民政府、人民法院、人民检察院任命的国家工作人员。

全国人大选举或者决定任命的国家主席、副主席，全国人大常委会委员长、副委员长、秘书长、委员，国务院总理、副总理、国务委员、各部部长、各委员会主任、中国人民银行行长、审计长、秘书长，中央军委主席、副主席、委员，最高人民法院院长，最高人民检察院检察长，以及全国人大专门委员会主任委员、副主任委员、委员等，在依照法定程序产生后，进行宪法宣誓。在全国人大闭会期间，全国人大常委会任命或者决定任命的全国人大专门委员会个别副主任委员、委员，国务院部长、委员会主任、中国人民银行行长、审计长、秘书长，中央军委副主席、委员，在依照法定程序产生后，进行宪法宣誓。全国人大常委会任命的全国人大常委会副秘书长，全国人大常委会工作委员会主任、副主任、委员，全国人大常委会代表资格审查委员会主任委员、副主任委员、委员等，在依照法定程序产生后，进行宪法宣誓。以上宣誓仪式由全国人大常委会委员长会议组织。

全国人大常委会任命或者决定任命的最高人民法院副院长、审判委员会委员、庭长、副庭长、审判员和军事法院院长，最高人民检察院副检察长、检察委员会委员、检察员和军事检察院检察长，国家驻外全权代表，在依照法定程序产生后，进行宪法宣誓。宣誓仪式由最高人民法院、最高人民检察院、外交部分别组织。

国务院及其各部门、最高人民法院、最高人民检察院任命的国家工作人员，在就职时进行宪法宣誓。宣誓仪式由任命机关组织。

地方各级人大及县级以上地方各级人大常委会选举或者决定任命的国家工作人员，以及地方各级人民政府、人民法院、人民检察院任命的国家工作人员，在依照法定程序产生后，进行宪法宣誓。宣誓的具体组织办法由省、自治区、直辖市人大常委会参照《全国人民代表大会常务委员会关于实行宪法宣誓制度的决定》制定，报全国人大常委会备案。

（三）宪法宣誓誓词内容

根据《全国人民代表大会常务委员会关于实行宪法宣誓制度的决定》的规定，宪法宣誓誓词为："我宣誓：忠于中华人民共和国宪法，维护宪法权威，履行法定职责，忠于祖国、忠于人民，恪尽职守、廉洁奉公，接受人民监督，为建设富强、民主、文明、和谐的社会主义国家努力奋斗！"

（四）宪法宣誓形式

根据决定的规定，宪法宣誓仪式根据情况，可以采取单独宣誓或者集体宣誓的形式。单独宣誓时，宣誓人应当左手抚按《中华人民共和国宪法》，右手举拳，诵读誓词。集体宣誓时，由一人领誓，领誓人左手抚按《中华人民共和国宪法》，右手举拳，领诵誓词；其他宣誓人整齐排列，右手举拳，跟诵誓词。宣誓场所应当庄重、严肃，悬挂中华人民共和国国旗或者国徽。负责组织宣誓仪式的机关，可以根据决定并结合实际情况，对宣誓的具体事项作出规定。

第三章
我国行政法律制度

依法行政是依法治国基本方略的重要组成部分，对建设法治中国具有重大意义。依法行政，是政府行政权运行的基本原则，它要求行政机关行使行政权力必须要有法律授权，强调有权有责，用权受监督，损害须赔偿，违法须纠正。

行政法是关于行政权授予、行政权的行使，以及对行政权的授予、行使进行监督的法律规范的总和。主要包括三方面的内容。一是行政组织法，即关于行政权的授予和组织行政机关的法律。由行政组织法、行政编制法和公务员法等法律组成。二是行政行为法，即关于行政权行使的法律，由行政许可、行政处罚、行政收费、行政强制、行政征收、行政裁决等法律组成。这部分的行政法律制度具有普遍适用性，与各级政府及各个部门都有关。此外，还有按行政管理事项划分的涉及行政权行使的法律，称为部门行政法，如公安、环保、税务等。三是行政监督法，即对行政机关的组织、行政权的行使进行监督的法律。由行政监察法、审计法、行政复议法、行政诉讼法、行政赔偿法等组成。

第一节　我国依法行政的发展历程

1978年党的十一届三中全会的召开，为我国的民主法制建设指明了前进的方向，奠定了坚实的思想基础，为发扬社会主义民主、健全社会主义法制提供了强有力的政治保障。1979年，包括国家机构、刑事、民事在内的一批规范国家政治、经济、文化和社会生活的法律相继出台，为在国家和社会事务管理方面实现有法可依、有法必依、执法必严、违法必究打下了基础。

1982年，现行宪法颁布，对国家机构及其相互关系和职责权限、公民的权利义务等，作出了许多新的重要规定。该部宪法第五条明确规定："国家维护社会主义法制的统一和尊严。一切法律、行政法规和地方性法规都不得同宪法相抵触。一切国家机关和武装力量、各政党和各社会团体、各企业事业组织都必须遵守宪法和法律。一切违反宪法和法律的行为，必须予以追究。任何组织或者个人都不得有超越宪法和法律的特权。"这是依法行政的重要宪法依据。在此期间，国务院组织法和地方组织法的出台，也从制度建设上进一步推动了依法行政的进程。

1984年全国人大六届三次会议上，彭真同志明确提出，国家管理要从依靠政策办事逐步过渡到不仅仅依靠政策还要建立、健全法制，依法办事。随着经济体制改革的不断深入，民主法制观念的逐步加强，1989年4月行政诉讼法颁布。这是我国行政立法指导思想和价值取向的一次重大转变，标志着我国从注重行政权力的确立与维护，开始转向对行政权力的监督与制约，对公民权利的具体确认与保护。这是通过实践"民"告"官"的诉讼程序来促进行政机关依法行政的一项重大举措。

1992年党的十四大正式确立了社会主义市场经济体制，加快依法行政步伐，已成为时代和社会发展的客观要求。1993年八届全国人大一次会议通过的《政府工作报告》明确提出："各级政府都要依法行政，严格依法办事。一切公务人员都要带头学法、懂法，做执法守法的模范。"这是我国第一次以政府文件的形式正式明确提出依法行政的原则。1997年9月，党的十五大正式确立了依法治国、建设社会主义法治国家的基本方略，依法行政的进程从此开始全面提速。

2002年11月召开的党的十六大，把发展社会主义民主政治，建设社会主义政治文明，作为全面建设小康社会的重要目标之一，明确提出加强对执法活动的监督，推进依法行政。2007年10月召开的党的十七大，从全面落实依法治国基本方略，加快建设社会主义法治国家的高度，就推行依法行政、加快行政管理体制改革，建设服务型政府，完善制约机制，健全组织法制和程序规则，保证国家机关按照法定权限和程序行使权力、履行职责等提出具体要求。

在此期间，国家公务员暂行条例（1993）、国家赔偿法（1994）、行政处罚法（1996）、行政监察法（1997）、行政复议法（1999）、立法法（2000）、政府采购法（2002）、行政许可法（2003）、公务员法（2005）、行政强制法（2011）等陆续出台，依法行政的体制机制不断健全、依法行政的法律制度日渐完备。

与此同时，1999年11月国务院发布了《关于全面推进依法行政的决定》，对依法行政提出了具体要求。2004年3月国务院颁发了《全面推进依法行政实施纲要》，对全国依法行政的现状进行了深刻总结，对进一步深入推进依法行政提出了全面要求，并第一次明确提出经过十年左右坚持不懈的努力，基本实现建设法治政府的工作目标。

鉴于依法行政的重点难点在市县两级，2008年5月国务院还进一步作出了《关于加强市县政府依法行政的决定》，就扎实推进市县政府依法行政提出工作要求。2012年11月，党的十八大明确要求，推进依法行政，切实做到严格规范公正文明执法。2013年11月，党的十八届三中全会进一步明确提出，建设法治中国，必须坚持依法治国、依法执政、依法行政共同推进，坚持法治国家、法治政府、法治社会一体建设。依法行政被纳入法治中国建设进程中统一部署、整体推进。2014年11月，党的十八届四中全会就深入推进依法行政，加快建设法治政府作出总体部署，要求各级政府必须坚持在党的领导下、在法治轨道上开展工作，加快建设职能科学、权责法定、执法严明、公开公正、廉洁高效、守法诚信的法治政府。

第二节　行政组织法

行政组织法是规范行政机关的职能、组织、编制的法律制度。我国宪法明确规定，中华人民共和国的一切权力属于人民。人民行使国家权力的机关是全国人大和地方各级人大。国家的行政机关是权力机关的执行机关。因此从根本上讲，行政机关行使的行政权力是权力机关通过法律授予的。正因为如此，行政机关必须遵循职权法定原则，不能法外行权。行政组织法就是规范有关行政组织的性质、地位、职权、职能等方面的法律总称。

行政组织是行政权力的载体，行政组织法通过对行政机关的机构设置、编制与职数、活动方式，以及行政机关的设立、变更和撤销程序等的规定，进而对行政权力行使进行制约，以避免主观随意性。在这方面，我国的国务院组织法和地方组织法，对规范国务院和地方政府的机构设置与职权行使，起到了重要作用。

一、国务院组织法

1982年制定的国务院组织法，是根据宪法中有关国务院的规定内容，对国务院的组成、组织原则、职权行使、会议制度、部委设置等均作出了明确规定。

根据国务院组织法的规定，国务院由总理、副总理、国务委员、各部部长、各委员会主任、审计长、秘书长组成；国务院实行总理负责制，总理领导国务院的工作，副总理、国务委员协助总理工作；国务院行使宪法第八十九条规定的职权；国务院会议分为国务院全体会议和国务院常务会议。国务院全体会议由国务院全体成员组成。国务院常务会议由总理、副总理、国务委员、秘书长组成。国务院工作中的重大问题，必须经国务院常务会议或者国务院全体会议讨论决定；国务院秘书长在总理领导下，负责处理国务院的日常工作；国务院各部、各委员会的设立、撤销或者合并，经总理提出，由全国人大决定；在全国人大闭会期间，由全国人大常委会决定；国务院各部、各委员会实行部长、主任负责制。各部部长、各委员会主任领导本部门的工作，召集和主持部务会议或者委员会会议、委务会议，签署上报国务院的重要请示、报告和下达的命令、指示。各部、各委员会工作中的方针、政策、计划和重大行政措施，应向国务院请示报告，由国务院决定。根据法律和国务院的决定，主管部、委员会可以在本部门的权限内发布命令、指示和规章。

二、地方组织法

《中华人民共和国地方各级人民代表大会和地方各级人民政府组织法》于1979年通过，并于2015年作了最新修正。它具体规定了地方各级人民政府的性质、组成、任期、职权、组织原则、会议制度、机构设置等，为规范和制约地方各级政府的行政权力的行使提供了基本的法律依据。

根据地方组织法的规定，地方各级人民政府是地方各级人大的执行机关，是地方各级国家行政机关，对本级人大和上一级国家行政机关负责并报告工作。地方各级人民政府都是国务院统一领导下的国家行政机关，都服从国务院。省、自治区、直辖市、自治州、设区的市的人民政府分别由省长、副省长，自治区主席、副主席，市长、副市长，州长、副州长和秘书长、厅长、局长、委员会主任等组成。县、自治县、不设区的市、市辖区的人民政府分别由县长、副县长，市长、副市长，区长、副区长和局长、科长等组成。乡、民族乡的人民政府设乡长、副乡长。民族乡的乡长由建立民族乡的少数民族公民担任。镇人民政府设镇长、副镇长。地方各级人民政府每届任期五年。

此外，这部法律还具体规定了地方各级人民政府的职权、组织原则、会议制度、内设机构、管理体制等。

尽管我国法律对行政部门的设置、行政权力的行使有着相应的法律规范和制约，但多年来的实践同时也证明，行政机关职权不清、相互交叉冲突，政府职能转变不能适应市场经济的需要，机构臃肿，人浮于事等问题始终存在并难以解决。由于已有的行政组织法还不能完全起到应有的规范和制约作用，以致有时还不得不辅之以相应的机构改革。正因为如此，1997年党的十五大就曾明确提出，深化行政体制改革，实现国家机构组织、职能、编制、工作程序的法定化。2013年党的十八届三中全会进一步明确提出，转变政府职能必须深化机构改革。优化政府机构设置、职能配置、工作流程，完善决策权、执行权、监督权既相互制约又相互协调的行政运行机制。为此，切实按照党中央的要求，进一步完善行政组织法成为当前完善行政法律制度面临的一项重要任务。

三、公务员法

这部法律制定于2005年，具体规定了公务员的入职条件、权利义务、职务级别、录用考核、职务任免、职务升降、奖励惩戒与培训、交流与回避、工资福利保险、辞职辞退与退休、申诉控告、职位聘任及法律责任。这部法律的制定和实施，为规范公职人员的组织管理和职务履行提供了基本的法律遵循。

根据该法的规定，公务员职务分为领导职务和非领导职务。领导职务层次分为：国家级正职、国家级副职、省部级正职、省部级副职、厅局级正职、厅局级副职、县处级正职、县处级副职、乡科级正职、乡科级副职。非领导职务层次在厅局级以下设置。综合管理类的非领导职务分为：巡视员、副巡视员、调研员、副调研员、主任科员、副主任科员、科员、办事员。各机关依照确定的职能、规格、编制限额、职数以及结构比例，设置本机关公务员的具体职位，并确定各职位的工作职责和任职资格条件以及考核、奖惩、专门纪律要求、回避、辞职、辞退、退休、申诉控告等内容。

第三节　行政行为法

行政行为一般是指行政机关依法行使权力，管理公共事务，直接或间接产生法律后果的行为。各行政机关共同性的行政行为，可分为行政立法行为和行政执法行为。其中，行政立法行为主要是指国务院制定行政法规、国务院各部委制定部委规章，各省、自治区、直辖市政府，省会市和经国务院批准的较大市政府和设区的市制定地方规章的行为。行政执法行为，又称具体行政行为，是指行政机关行使行政权力，对特定的公民、法人和其他组织作出的有关其权利义务的单方行为。具体行政行为的表现形式包括：行政命令、行政征收、行政许可、行政确认、行政监督检查、行政处罚、行政强制、行政给付、行政奖励、行政裁决、行政赔偿等。随着推进依法治国、建设法治政府的需要，我国陆续出台了一系列行政行为法，适用频率高的有行政许可法、行政处罚法和行政强制法。

一、行政许可法

行政许可是指行政机关根据公民、法人或者其他组织的申请，经依法审查，准予其从事特定活动的行为。2003年颁布实施的行政许可法，对行政许可的实施机关、行政许可的实施程序、申请与受理、审查与决定、期限、听证、变更与延续，以及行政许可的费用和监督检查等作出了具体规定。实践证明，这部法律的颁布实施，对规范行政许可的设定和实施，保护公民、法人和其他组织的合法权益，维护公共利益和社会秩序，保障和监督行政机关有效实施行政管理，提供了重要的法律保障。这部法律具体规定的内容主要包括：

（一）行政许可的设定范围

设定行政许可的应当属于直接涉及国家安全、公共安全、经济宏观调控、生态环境保护以及直接关系人身健康、生命财产安全等特定活动，需要按照法定条件予以批准的事项；有限自然资源开发利用、公共资源配置以及直接关系公共利益的特定行业的市场准入等，需要赋予特定权利的事项；提供公众服务并且直接关系公共利益的职业、行业，需要确定具备特殊信誉、特殊条件或者特殊技能等资格、资质的事项；直接关系公共安全、人身健康、生命财产安全的重要设备、设施、产品、物品，需要按照技术标准、技术规范，通过检验、检测、检疫等方式进行审定的事项；企业或者其他组织的设立等，需要确定主体资格的事项；法律、行政法规规定可以设定行政许可的其他事项。但上述事项如果属于公民、法人或者其他组织能够自主决定的；市场竞争机制能够有效调节的；行业组织或者中介机构能够自律管理的；行政机关采用事后监督等其他行政管理方式能够解决的，便可以不设行政许可。该法同时还明确规定，法规、规章对实施上位法设定的行政许可作出的具体规定，不得增设行政许可；对行政许可条件作出的具体规定，不得增设违反上位法的其他条件。

（二）行政许可的实施机关

行政许可的实施机关主要包括有权行政机关、具有管理公共事务职能的组织和受委托的其他行政机关。该法明确规定，行政许可由具有行政许可权的行政机关在其法定职权范围内实施。法律、法规授权的具有管理公共事务职能的组织，在法定授权范围内，以自己的名义实施行政许可。被授权的组织适用行政许可法有关行政机关的规定。行政机关在其法定职权范围内，依照法律、法规、规章的规定，可以委托其他行政机关实施行政许可。委托机关应当将受委托行政机关和受委托实施行政许可的内容予以公告。委托行政机关对受委托行政机关实施行政许可的行为应当负责监督，并对该行为的后果承担法律责任。

（三）行政许可的实施程序

公民、法人或者其他组织从事特定活动，依法需要取得行政许可的，应当向行政机关提出申请。申请人申请行政许可，应当如实向行政机关提交有关材料和反映真实情况，并对其申请材料实质内容的真实性负责。申请人提交的申请材料齐全、符合法定形式，行政机关能够当场作出决定的，应当当场作出书面的行政许可决定。根据法定条件和程序，需要对申请材料的实质内容进行核实的，行政机关应当指派两名以上工作人员进行核查。

（四）行政许可的期限

除可以当场作出行政许可决定的外，行政机关应当自受理行政许可申请之日起二十日内作出行政许可决定。二十日内不能作出决定的，经本行政机关负责人批准，可以延长十日，并应当将延长期限的理由告知申请人。

（五）法律责任

行政机关违法实施行政许可，给当事人的合法权益造成损害的，应当依照国家赔偿法的规定给予赔偿。被许可人存在涂改、倒卖、出租、出借行政许可证件，或者以其他形式非法转让行政许可的；超越行政许可范围进行活动的；向负责监督检查的行政机关隐瞒有关情况、提供虚假材料或者拒绝提供反映其活动情况的真实材料的；法律、法规、规章规定的其他违法行为的，行政机关应当依法给予行政处罚。构成犯罪的，依法追究刑事责任。

二、行政处罚法

行政处罚是行政机关对违反行政管理秩序的公民、法人和其他组织依法予以制裁的法律制度。我国1996年颁布实施的行政处罚法对行政处罚的种类和设定、实施机关、管辖和适用，以及行政处罚的程序、执行及法律责任进行了明确规定，为规范行政处罚的设定和实施，保障和监督行政机关有效实施行政管理，维护公共利益和社会秩序，保护公民、法人或者其他组织合法权益提供了基本的法律依据。这部法律具体规定的内容主要包括：

（一）行政处罚的种类

我国的行政处罚包括：警告；罚款；没收违法所得、没收非法财物；责令停产停业；暂扣或者吊销许可证、暂扣或者吊销执照；行政拘留；法律、行政法规规定的其他行政处罚等。

（二）行政处罚的实施机关

行政处罚由具有行政处罚权的行政机关在法定职权范围内实施。国务院或者经国务院授权的省、自治区、直辖市人民政府可以决定一个行政机关行使有关行政机关的行政处罚权，但限制人身自由的行政处罚权只能由公安机关行使。

（三）行政处罚的管辖

行政处罚由违法行为发生地的县级以上地方人民政府具有行政处罚权的行政机关管辖；对管辖发生争议的，报请共同的上一级行政机关指定管辖；违法行为构成犯罪的，行政机关必须将案件移送司法机关，依法追究刑事责任。

（四）行政处罚的适用

行政机关实施行政处罚时，应当责令当事人改正或者限期改正违法行为。对当事人的同一个违法行为，不得给予两次以上罚款的行政处罚；不满十四周岁的人有违法行为的，不予行政处罚，责令监护人加以管教；已满十四周岁不满十八周岁的人有违法行为的，从轻或者减轻行政处罚；精神病人在不能辨认或者不能控制自己行为时有违法行为的，不予行政处罚，但应当责令其监护人严加看管和治疗。间歇性精神病人在精神正常时有违法行为的，应当给予行政处罚。违法行为在二年内未被发现的，不再给予行政处罚。法律另有规定的除外。

（五）行政处罚程序

行政处罚程序包括简易程序、一般程序。

1. 简易程序

适用于违法事实确凿并有法定依据，对公民处以五十元以下、对法人或者其他组织处以一千元以下罚款或者警告的行政处罚的，可以当场作出行政处罚决定。

2. 一般程序

适用于行政机关发现公民、法人或者其他组织有依法应当给予行政处罚的行为，需要全面、客观、公正调查，收集有关证据或需要依法进行检查的案件。行政机关依法给予行政处罚的，应当制作行政处罚决定书。行政处罚决定书应当载明的事项包括：当事人的姓名或者名称、地址；违反法律、法规或者规章的事实和证据；行政处罚的种类和依据；行政处罚的履行方式和期限；不服行政处罚决定，申请行政复议或者提起行政诉讼的途径和期限；作出行政处罚决定的行政机关名称和作出决定的日期。行政处罚决定书应当在宣告后当场交付当事人；当事人不在场的，行政机关应当在七日内依照民事诉讼法的有关规定，将行政处罚决定书送达当事人。

此外该法还具体规定了行政处罚前的听证程序、行政处罚的执行及法律责任。

三、行政强制法

我国法定的行政强制包括行政强制措施和行政强制执行。行政强制措施，是指行政机关在行政管理过程中，为制止违法行为、防止证据损毁、避免危害发生、控制危险扩大等情形，依法对公民的人身自由实施暂时性限制，或者对公民、法人或者其他组织的财物实施暂时性控制的行为。行政强制执行，是指行政机关或者行政机关申请人民法院，对不履行行政决定的公民、法人或者其他组织，依法强制履行义务的行为。2011年颁布实施的行政强制法，规定了行政强制的种类和设定、行政强制措施实施程序、行政机关强制执行程序、申请人民法院强制执行及法律责任，为规范行政强制的设定和实施，保障和监督行政机关依法履行职责，维护公共利益和社会秩序，保护公民、法人和其他组织的合法权益提供了基本的法律依据。这部法律具体规定的内容主要包括：

（一）行政强制的种类和方式

根据该法规定，行政强制措施由法律设定，种类包括限制公民人身自由；查封场所、设施或者财物；扣押财物；冻结存款、汇款；其他行政强制措施等5类。行政强制执行由法律设定，方式包括加处罚款或者滞纳金；划拨存款、汇款；拍卖或者依法处理查封、扣押的场所、设施或者财物；排除妨碍、恢复原状；代履行；其他强制执行方式等。

（二）行政强制措施实施程序

1. 一般规定

行政机关实施行政强制措施的，实施前须向行政机关负责人报告并经批准；由两名以上行政执法人员实施；出示执法身份证件；通知当事人到场；当场告知当事人采取行政强制措施的理由、依据以及当事人依法享有的权利、救济途径；听取当事人的陈述和申辩；制作现场笔录；现场笔录由当事人和行政执法人员签名或者盖章，当事人拒绝的，在笔录中予以注明；当事人不到场的，邀请见证人到场，由见证人和行政执法人员在现场笔录上签名或者盖章；法律、法规规定的其他程序。情况紧急，需要当场实施行政强制措施的，行政执法人员应当在二十四小时内向行政机关负责人报告，并补办批准手续。

2. 查封、扣押

查封、扣押应当由法律、法规规定的行政机关实施，其他任何行政机关或者组织不得实施。行政机关决定实施查封、扣押的，应当依法制作并当场交付查封、扣押决定书和清单。查封、扣押决定书应当载明当事人的姓名或者名称、地址；查封、扣押的理由、依据和期限；查封、扣押场所、设施或者财物的名称、数量等；申请行政复议或者提起行政诉讼的途径和期限；行政机关的名称、印章和日期。查封、扣押清单一式二份，由当事人和行政机关分别保存。

3. 冻结

冻结存款、汇款应当由法律规定的行政机关实施，不得委托给其他行政机关或者组织；其他任何行政机关或者组织不得冻结存款、汇款。行政机关依照法律规定决定实施冻结存款、汇款的，应当依法履行程序，并向金融机构交付冻结通知书。

此外，该法还具体规定了行政机关强制执行的具体程序及法律责任。

以案释法 06

违法行政决定被撤销

2012年3月，王某收到了国务院行政复议裁决书。裁决书撤销了某省认定他家所在区域征地合法决定的裁决。法学博士王某两年法律维权路，终于看到一线曙光。2010年底，因老家的房屋在未签署拆迁协议的情况下于凌晨被拆。老屋被强拆当日，王某写了一封给家乡市长的公开信。公开信在网上迅速流传，引起了官方重视。当地政府有关领导特地赶赴王某所在的大学和他沟通，承诺"依法依规，妥善处置此事"。公开信事件后，王某家乡的区长答复王某，称"某村村委会答复意见与你本人所提要求差距较大，可能你不能完全接受""我们支持你通过法律渠道依法解决"。2011年7月15日，王某母亲诉某市住房和城乡建设局不履行查处违法拆迁一案在该市某区法院开庭审理。法院认定"非法拆迁"事实不存在，驳回诉讼请求。王某随即上诉，被市中级人民法院驳回。在寻求诉讼解决的同时，王某也向省政府行政复议办公室提起行政复议，要求省政府确认关于该城区城市建设用地的批复违法并予以撤销。2011年3月，省政府行政复议办公室召开听证会，只有王某一方提交相关证据，

"政府说他们所有的行为都合法，没必要提交证据。"4月6日，省政府行政复议办公室下发行政复议决定书，驳回复议请求。随后，王某等人依法向国务院法制办提起行政裁决。

 释解

拆迁户依法维权，先后通过行政手段和法律途径，终于为实践宪法明文规定的"公民的合法的私有财产不受侵犯。国家依照法律规定保护公民的私有财产权和继承权"迈出了关键的一步。

随着依法治国的不断推进、依法行政的不断深入，我国各级行政机关面临的行政诉讼的争议案件在逐步增多，当被告的概率在逐渐增大，这是一种正常的客观现象。当被告不被动，被动的是工作中存在着没有依法行政的瑕疵。情况表明，各级行政管理部门在工作中比较容易引起争议的，主要集中在行政主体不适格、行政行为越权、规范性文件与上位法相抵触、行政决定失当和行政不作为几个方面。因此，在全面推进依法治国的大背景下，在法律制度不断完备、监督渠道极大畅通的情况下，在公民依法维权意识不断增强的态势下，唯有依法决策、依法办事，努力实现与依法行政相适应的行政管理方式的转变，树立职权法定意识、程序法定意识和权责统一意识，切实提高依法行政的自觉性和工作水平，才能从根本上杜绝此类案件的发生。

第四节　行政监督法

行政权力是国家机关中权力最大、涉及人数最多，对国家和社会的发展最为重要、与人民群众关系最为密切的权力，因此行政监督是国家监督体系中的极为重要的组成部分。行政系统内部的监督，主要有行政系统内的专门监督和上级对下级的层级监督。

在我国，行政系统内的专门监督主要为审计监督和行政监察，并且已经制定了审计法和行政监察法。根据审计法的规定，在政府内部监督范围内，审计主要是对本级政府各部门和下级政府预算的执行情况和决算、预算外资金的管理和使用情况；政府部门管理和社会团体受政府委托管理的社会保障基金、社会捐献资金及其他有关基金、资金的财务收支等进行审计监督。审计部门在行使职权时，拥有要求报送权、检查权、调查权、制止并采取措施权、通报权及处理权等多方面的权限。根据行政监察法的规定，行政监察是监察部门对行政机关及其公务员的行政效能和清正廉洁两方面进行的监督。监察部门在行使监督权时拥有检查、调查权、建议处分权等较为广泛的权力。

层级监督方面，我国目前已建立了行政复议制度、行政诉讼制度和国家赔偿制度。并相应地颁布实施了行政复议法、行政诉讼法和国家赔偿法。其中，行政复议制度是指公民、法人或其他组织认为行政机关的行政行为侵犯其合法权益，向上级行政机关申请复议，由复议机关作出复议决定的制度，既属于上级行政机关对下级行政机关的监督，同时也是公民、法人或其他组织不服下级行政机关的具体行政行为要求复议机关作出公正裁判的一种救济行为。由于行政复议实际上是上级对下级的监督，因此行政复议的范围较为宽泛，在行政复议中，公民、法人或其他组织不仅可以对具体行政行为是否合法，要求进行审查，也可以对该具体行政行为是否合理，要求进行审查。而在行政诉讼中，人民法院对具体行政行为则只能进行合法性审查，除行政处罚外，原则上不作合理性、适当性审查。

一、行政复议法

行政复议是指公民、法人或者其他组织，认为行政机关的具体行政行为侵犯了其合法权益，依法向上级行政机关提出复议申请，上级行政机关依法对该具体行政行为进行合法性、适当性审查，并作出复议决定的行政行为。我国1999年颁布实施的行政复议法，对行政复议机关的职责、行政复议范围、行政复议申请、行政复议受理、行政复议决定和法律责任等作出具体规定。这部法律具体规定的内容主要包括：

（一）行政复议机关的职责

行政复议机关负责法制工作的机构具体办理行政复议事项，履行的职责包括受理行政复议申请；向有关组织和人员调查取证，查阅文件和资料；审查申请行政复议的具体行政行为是否合法与适当，拟订行政复议决定；处理或者转送法律规定的审查申请；依照规定的权限和程序对违法的具体行政行为提出处理建议；办理因不服行政复议决定提起行政诉讼的应诉事项；法律、法规规定的其他职责。行政复议机关履行行政复议职责时，应当遵循合法、公正、公开、及时、便民的原则，坚持有错必纠，保障法律、法规的正确实施。

（二）行政复议范围

公民、法人或者其他组织可以依法申请行政复议的情形包括对行政机关作出的警告、罚款、没收违法所得、没收非法财物、责令停产停业、暂扣或者吊销许可证、暂扣或者吊销执照、行政拘留等行政处罚决定不服的；对行政机关作出的限制人身自由或者查封、扣押、冻结财产等行政强制措施决定不服的；对行政机关作出的有关许可证、执照、资质证、资格证等证书变更、中止、撤销的决定不服的；对行政机关作出的关于确认土地、矿藏、水流、森林、山岭、草原、荒地、滩涂、海域等自然资源的所有权或者使用权的决定不服的；认为行政机关侵犯合法的经营自主权的；认为行政机关变更或者废止农业承包合同，侵犯其合法权益的；认为行政机关违法集资、征收财物、摊派费用或者违法要求履行其他义务的；认为符合法定条件，申请行政机关颁发许可证、执照、资质证、资格证等证书，或者申请行政机关审批、登记有关事项，行政机关没有依法办理的；申请行政机关履行保护人身权利、财产权利、受教育权利的法定职责，行政机关没有依法履行的；申请行政机关依法发放抚恤金、社会保险金或者最低生活保障费，行政机关没有依法发放的；认为行政机关的其他具体行政行为侵犯其合法权益的。

（三）行政复议申请

公民、法人或者其他组织认为具体行政行为侵犯其合法权益的，可以自知道该具体行政行为之日起六十日内提出行政复议申请；但是法律规定的申请期限超过六十日的除外。因不可抗力或者其他正当理由耽误法定申请期限的，申请期限自障碍消除之日起继续计算。同申请行政复议的具体行政行为有利害关系的其他公民、法人或者其他组织，可以作为第三人参加行政复议。公民、法人或者其他组织对行政机关的具体行政行为不服申请行政复议的，作出具体行政行为的行政机关是被申请人。申请人申请行政复议，可以书面申请，也可以口头申请；口头申请的，行政复议机关应当当场记录申请人的基本情况、行政复议请求、申请行政复议的主要事实、理由和时间。

（四）行政复议受理

行政复议机关收到行政复议申请后，应当在五日内进行审查，对不符合本法规定的行政复议申请，决定不予受理，并书面告知申请人；对符合行政复议法规定，但是不属于本机关受理的行政复议申请，应当告知申请人向有关行政复议机关提出。对行政复议决定不服再向人民法院提起行政诉讼的，行政复议机关决定不予受理或者受理后超过行政复议期限不作答复的，公民、法人或者其他组织可以自收到不予受理决定书之日起或者行政复议期满之日起十五日内，依法向人民法院提起行政诉讼。

（五）行政复议决定

行政复议原则上采取书面审查的办法，但是申请人提出要求或者行政复议机关负责法制工作的机构认为有必要时，可以向有关组织和人员调查情况，听取申请人、被申请人和第三人的意见。行政复议机关负责法制工作的机构应当对被申请人作出的具体行政行为进行审查，提出意见，经行政复议机关的负责人同意或者集体讨论通过后，按照具体行政行为认定事实清楚，证据确凿，适用依据正确，程序合法，内容适当的，决定维持；被申请人不履行法定职责的，决定其在一定期限内履行。对存在主要事实不清、证据不足的；适用依据错误的；违反法定程序的；超越或者滥用职权的；具体行政行为明显不当等情形之一的，决定撤销、变更或者确认该具体行政行为违法；决定撤销或者确认该具体行政行为违法的，可以责令被申请人在一定期限内重新作出具体行政行为。

（六）法律责任

行政复议机关违反规定，无正当理由不予受理依法提出的行政复议申请或者不按照规定转送行政复议申请的，或者在法定期限内不作出行政复议决定的，对直接负责的主管人员和其他直接责任人员依法给予警告、记过、记大过的行政处分；经责令受理仍不受理或者不按照规定转送行政复议申请，造成严重后果的，依法给予降级、撤职、开除的行政处分。行政复议机关工作人员在行政复议活动中，徇私舞弊或者有其他渎职、失职行为的，依法给予警告、记过、记大过的行政处分；情节严重的，依法给予降级、撤职、开除的行政处分；构成犯罪的，依法追究刑事责任。被申请人违反规定，不提出书面答复或者不提交作出具体行政行为的证据、依据和其他有关材料，或者阻挠、变相阻挠公民、法人或者其他组织依法申请行政复议的，对直接负责的主管人员和其他直接责任人员依法给予警告、记过、记大过的行政处分；进行报复陷害的，依法给予降级、撤职、开除的行政处分；构成犯罪的，依法追究刑事责任。行政复议机关受理行政复议申请，由本级财政予以保障，不得向申请人收取任何费用。

二、行政诉讼法

行政诉讼是指公民、法人或者其他组织认为行政机关和行政机关工作人员的行政行为侵犯其合法权益，依法向人民法院提起的诉讼。为保证人民法院公正、及时审理行政案件，解决行政争议，保护公民、法人和其他组织的合法权益，监督行政机关依法行使行政职权，我国于1989年制定、2014年修订了行政诉讼法，对行政诉讼的受案范围、管辖、诉讼参加人、证据、起诉和受理、审理和判决、审判监督程序、执行及涉外行政诉讼等作了相应规定，具体确立了行政行为合法与违法的标准，对协调行政机关与公民的关系，保护公民合法权益，督促行政机关依法行政，维护社会稳定发挥了重要作用。这部法律具体规定的内容主要包括：

（一）受案范围

行政诉讼受案范围包括，对行政拘留、暂扣或者吊销许可证和执照、责令停产停业、没收违法所得、没收非法财物、罚款、警告等行政处罚不服的；对限制人身自由或者对财产的查封、扣押、冻结等行政强制措施和行政强制执行不服的；申请行政许可，行政机关拒绝或者在法定期限内不予答复，或者对行政机关作出的有关行政许可的其他决定不服的；对行政机关作出的关于确认土地、矿藏、水流、森林、山岭、草原、荒地、滩涂、海域等自然资源的所有权或者使用权的决定不服的；对征收、征用决定及其补偿决定不服的；申请行政机关履行保护人身权、财产权等合法权益的法定职责，行政机关拒绝履行或者不予答复的；认为行政机关侵犯其经营自主权或者农村土地承包经营权、农村土地经营权的；认为行政机关滥用行政权力排除或者限制竞争的；认为行政机关违法集资、摊派费用或者违法要求履行其他义务的；认为行政机关没有依法支付抚恤金、最低生活保障待遇或者社会保险待遇的；认为行政机关不依法履行、未按照约定履行或者违法变更、解除政府特许经营协议、土地房屋征收补偿协议等协议的；认为行政机关侵犯其他人身权、财产权等合法权益的。

（二）管辖

基层人民法院管辖第一审行政案件。中级人民法院管辖的一审行政案件包括：对国务院部门或者县级以上地方人民政府所作的行政行为提起诉讼的案件；海关处理的案件；本辖区内重大、复杂的案件；其他法律规定由中级人民法院管辖的案件。高级人民法院管辖本辖区内重大、复杂的一审行政案件。最高人民法院管辖全国范围内重大、复杂的一审行政案件。经最高人民法院批准，高级人民法院可以根据审判工作的实际情况，确定若干人民法院跨行政区域管辖行政案件。

（三）诉讼参加人

行政行为的相对人以及其他与行政行为有利害关系的公民、法人或者其他组织，有权提起诉讼。公民、法人或者其他组织直接向人民法院提起诉讼的，作出行政行为的行政机关是被告。经复议的案件，复议机关决定维持原行政行为的，作出原行政行为的行政机关和复议机关是共同被告；复议机关改变原行政行为的，复议机关是被告。复议机关在法定期限内未作出复议决定，公民、法人或者其他组织起诉原行政行为的，作出原行政行为的行政机关是被告；起诉复议机关不作为的，复议机关是被告。两个以上行政机关作出同一行政行为的，共同作出行政行为的行政机关是共同被告。行政机关委托的组织所作的行政行为，委托的行政机关是被告。行政机关被撤销或者职权变更的，继续行使其职权的行政机关是被告。

（四）证据

经法庭审查属实，可作为认定案件事实的行政诉讼证据包括：书证；物证；视听资料；电子数据；证人证言；当事人的陈述；鉴定意见；勘验笔录、现场笔录。被告对作出的行政行为负有举证责任，应当提供作出该行政行为的证据和所依据的规范性文件。原告可以提供证明行政行为违法的证据。原告提供的证据不成立的，不免除被告的举证责任。对由国家机关保存而须由人民法院调取的证据；涉及国家秘密、商业秘密和个人隐私的证据；确因客观原因不能自行收集的其他证据，原告或者第三人不能自行收集的，可以申请人民法院调取。

（五）起诉和受理

公民、法人或者其他组织不服复议决定的，可以在收到复议决定书之日起十五日内向人民法院提起诉讼。复议机关逾期不作决定的，申请人可以在复议期满之日起十五日内向人民法院提起诉讼，法律另有规定的除外。公民、法人或者其他组织直接向人民法院提起诉讼的，应当自知道或者应当知道作出行政行为之日起六个月内提出。法律另有规定的除外。因不动产提起诉讼的案件自行政行为作出之日起超过二十年，其他案件自行政行为作出之日起超过五年提起诉讼的，人民法院不予受理。公民、法人或者其他组织申请行政机关履行保护其人身权、财产权等合法权益的法定职责，行政机关在接到申请之日起两个月内不履行的，公民、法人或者其他组织可以向人民法院提起诉讼。对人民法院既不立案，又不作出不予立案裁定的，当事人可以向上一级人民法院起诉。上一级人民法院认为符合起诉条件的，应当立案、审理，也可以指定其他下级人民法院立案、审理。

（六）审理和判决

1.一审普通程序

人民法院应当在立案之日起五日内，将起诉状副本发送被告。被告应当在收到起诉状副本之日起十五日内向人民法院提交作出行政行为的证据和所依据的规范性文件，并提出答辩状。人民法院应当在立案之日起六个月内作出第一审判决。有特殊情况需要延长的，由高级人民法院批准，高级人民法院审理第一审案件需要延长的，由最高人民法院批准。

2.简易程序

对被诉行政行为是依法当场作出的；案件涉及款额二千元以下的；属于政府信息公开案件的，或当事人各方同意适用简易程序的，人民法院审理时可以适用简易程序。适用简易程序审理的行政案件，由审判员一人独任审理，并应当在立案之日起四十五日内审结。

3.二审程序

当事人不服人民法院一审判决的，有权在判决书送达之日起十五日内向上一级人民法院提起上诉。当事人不服人民法院一审裁定的，有权在裁定书送达之日起十日内向上一级人民法院提起上诉。逾期不提起上诉的，人民法院的一审判决或者裁定发生法律效力。人民法院审理上诉案件，应当在收到上诉状之日起三个月内作出终审判决。有特殊情况需要延长的，由高级人民法院批准，高级人民法院审理上诉案件需要延长的，由最高人民法院批准。原审人民法院对发回重审的案件作出判决后，当事人提起上诉的，二审人民法院不得再次发回重审。

（七）审判监督程序

当事人对已经发生法律效力的判决、裁定，认为确有错误的，可以向上一级人民法院申请再审，但判决、裁定不停止执行。对属于不予立案或者驳回起诉确有错误的；有新的证据，足以推翻原判决、裁定的；原判决、裁定认定事实的主要证据不足、未经质证或者系伪造的；原判决、裁定适用法律、法规确有错误的；违反法律规定的诉讼程序，可能影响公正审判的；原判决、裁定遗漏诉讼请求的；据以作出原判决、裁定的法律文书被撤销或者变更的；审判人员在审理该案件时有贪污受贿、徇私舞弊、枉法裁判行为的案件，当事人提出申请的，人民法院应当再审。

（八）执行

当事人必须履行人民法院发生法律效力的判决、裁定、调解书。公民、法人或者其他组织拒绝履行判决、裁定、调解书的，行政机关或者第三人可以向一审人民法院申请强制执行，或者由行政机关依法强制执行。行政机关拒绝履行判决、裁定、调解书的，一审人民法院可以对应当归还的罚款或者应当给付的款额，通知银行从该行政机关的账户内划拨；在规定期限内不履行的，从期满之日起，对该行政机关负责人按日处五十元至一百元的罚款；将行政机关拒绝履行的情况予以公告；向监察机关或者该行政机关的上一级行政机关提出司法建议。对拒不履行判决、裁定、调解书，社会影响恶劣的，可以对该行政机关直接负责的主管人员和其他直接责任人员予以拘留；情节严重，构成犯罪的，依法追究刑事责任。行政机关或者行政机关工作人员作出的行政行为侵犯公民、法人或者其他组织的合法权益造成损害的，由该行政机关或者该行政机关工作人员所在的行政机关负责赔偿。行政机关赔偿损失后，应当责令有故意或者重大过失的行政机关工作人员承担部分或者全部赔偿费用。

三、国家赔偿法

国家赔偿以监督行政机关的行政行为是否合法为主要任务。以违法为赔偿前提的归责原则，事实行为造成损害的赔偿责任等赔偿制度的建立，进一步强化了对行政机关依法行政的监督力度。我国于1994年制定，2010年、2012年修订的国家赔偿法，明确了行政赔偿的范围、赔偿请求人和赔偿义务机关、赔偿的程序及赔偿方式和计算标准，为保障公民、法人和其他组织享有依法取得国家赔偿的权利，促进国家机关依法行使职权，提供了基本的法律依据。这部法律就行政赔偿所具体规定的内容主要包括：

（一）行政赔偿的范围

行政机关及其工作人员在行使行政职权时，如存在违法拘留或者违法采取限制公民人身自由的行政强制措施的；非法拘禁或者以其他方法非法剥夺公民人身自由的；以殴打、虐待等行为或者唆使、放纵他人以殴打、虐待等行为造成公民身体伤害或者死亡的；违法使用武器、警械造成公民身体伤害或者死亡的；造成公民身体伤害或者死亡的其他违法行为的，受害人有取得赔偿的权利。行政机关及其工作人员在行使行政职权时，如存在违法实施罚款、吊销许可证和执照、责令停产停业、没收财物等行政处罚的；违法对财产采取查封、扣押、冻结等行政强制措施的；违法征收、征用财产的；造成财产损害的其他违法行为的，受害人有取得赔偿的权利。如属于行政机关工作人员与行使职权无关的个人行为；因公民、法人和其他组织自己的行为致使损害发生的；法律规定的其他情形的，国家不承担赔偿责任。

（二）赔偿请求人和赔偿义务机关

受害的公民、法人和其他组织有权要求赔偿；受害的公民死亡，其继承人和其他有扶养关系的亲属有权要求赔偿；受害的法人或者其他组织终止的，其权利承受人有权要求赔偿。行政机关及其工作人员行使行政职权侵犯公民、法人和其他组织的合法权益造成损害的，该行政机关为赔偿义务机关；两个以上行政机关共同行使行政职权时侵犯公民、法人和其他组织的合法权益造成损害的，共同行使行政职权的行政机关为共同赔偿义务机关；法律、法规授权的组织在行使授予的行政权力时侵犯公民、法人和其他组织的合法权益造成损害的，被授权的组织为赔偿义务机关；受行政机关委托的组织或者个人在行使受委托的行政权力时侵犯公民、法人和其他组织的合法权益造成损害的，委托的行政机关为赔偿义务机关。赔偿义务机关被撤销的，继续行使其职权的行政机关为赔偿义务机关。没有继续行使其职权的行政机关的，撤销该赔偿义务机关的行政机关为赔偿义务机关。

（三）赔偿程序

赔偿请求人要求赔偿，应当先向赔偿义务机关提出，也可以在申请行政复议或者提起行政诉讼时一并提出；赔偿请求人可以向共同赔偿义务机关中的任何一个赔偿义务机关要求赔偿，该赔偿义务机关应当先予赔偿；赔偿请求人根据受到的不同损害，可以同时提出数项赔偿要求。赔偿义务机关应当自收到申请之日起两个月内，作出是否赔偿的决定。赔偿义务机关决定赔偿的，应当制作赔偿决定书，并自作出决定之日起十日内送达赔偿请求人。赔偿义务机关决定不予赔偿的，应当自作出决定之日起十日内书面通知赔偿请求人，并说明不予赔偿的理由。对赔偿作出赔偿或者不予赔偿决定有异议的，赔偿请求人可在三个月内向人民法院提起诉讼。

（四）赔偿方式和计算标准

国家赔偿以支付赔偿金为主要方式。能够返还财产或者恢复原状的，予以返还财产或者恢复原状。侵犯公民人身自由的，每日赔偿金按照国家上年度职工日平均工资计算。

 以案释法 07

行政不作为被判败诉

2014年10月16日，李某向河南省某市国土资源局（以下简称市国土局）书面提出申请，请求该局依法查处其所在村的耕地被有关工程项目违法强行占用的行为，并向该局寄送了申请书。市国土局收到申请后，没有受理、立案、处理，也未告知李某，李某遂以市国土局不履行法定职责为由诉至法院，请求确认被告不履行法定职责的行政行为违法，并要求被告对该村土地被强占的违法行为进行查处。

该市某区人民法院一审认为，土地管理部门对上级交办、其他部门移送和群众举报的土地违法案件，应当受理。土地管理部门受理土地违法案件后，应当进行审查，凡符合立案条件的，应当及时立案查处；不符合立案条件的，应当告知交办、移送案件的单位或者举报人。本案原告向被告市国土局提出查处违法占地申请后，被告应当受理，被告既没有受理，也没有告知原告是否立案，故原告要求确认被告不履行法定职责违法，并限期履行法定职责的请求，有事实根据和法律依据，本院予以支持。遂判决：一、确认被告对原告要求查处违法占地申请未予受理的行为违法。二、限被告于本判决生效之日起按《国土资源行政处罚办法》的规定履行法定职责。

　　市国土局不服，提出上诉。该市中级人民法院二审认为，根据《国土资源行政处罚办法》规定，县级以上国土资源主管部门"应当依法立案查处，无正当理由未依法立案查处的"，应当承担相应责任。上诉人市国土局未及时将审查结果告知申请人，上诉人的行为未完全履行工作职责，违反了《国土资源行政处罚办法》第四十五条的相关规定。二审判决驳回上诉，维持原判。

 释解

　　及时处理群众举报、切实履行查处违法占地相关法定职责，回应群众关切、保障土地资源的合法利用是有关土地管理部门的应尽职责。土地资源稀缺、人多地少的现状决定了我国必须实行最严格的土地管理制度，但长期以来土地资源浪费严重，违法违规用地现象普遍，这其中既有土地管理保护不力的原因，也有人民群众难以有效参与保护的因素。公众参与是及时发现和纠正土地违法行为的重要渠道，也是确保落实最严格的土地管理制度的有效手段。依法受理并及时查处人民群众对违法用地行为的举报，是土地管理部门的权力更是义务。对于在处理土地违法案件中，发现违法案件不属于本部门管辖的，也应及时做好相应的案件移送工作。国土资源行政处罚办法第十条明确规定："国土资源主管部门发现违法案件不属于本部门管辖的，应当移送有管辖权的国土资源主管部门或者其他部门。"

第四章
我国工商行政管理法律制度

　　工商行政管理是一个历史的范畴，是经济社会发展到一定历史阶段的必然产物。随着社会分工和商品经济的发展，中国古代很早就出现了工商管理法律制度。这些法律制度随着历史的发展，渐进演化，不断完善，却始终没有挣脱重农抑商的基本理念。到了近代，中国传统经济受到帝国殖民主义的强烈冲击，发生了颠覆性的改变，产生了具有现代意义的工商行政管理制度。

　　新中国成立后，在工商行政管理方面经历过漫长探索、曲折发展，在借鉴中外工商管理经验的基础上，逐步建立起了一套具有中国特色的工商管理制度体系，在促进社会主义市场经济的健康发展方面发挥了巨大作用。

第一节　工商行政管理法律制度的历史沿革

　　新中国成立初期，经历长期战乱的中国，千疮百孔，百废待兴。国家财政拮据，社会工作的首要任务便是恢复生产，厚实经济实力。当时的政务院财经委员会内设有中央外资企业管理局和中央私营企业管理局，行使工商管理的部分职权。社会主义新中国建设早期，随着经济的蓬勃发展，工商管理工作也曾一度欣欣向荣。遗憾的是，后来随着我国社会经济政策导向的失误，工商管理走过一段艰难曲折甚至止步不前的历程。

一、社会主义改造时期

1953年，在过渡时期总路线的指引下，国家奉行社会主义改造举措，使个体农业、个体工商业走上了合作化的道路，使资本主义工商业逐步纳入社会主义公有制经济，到1956年基本上完成了生产资料所有制的社会主义改造。这一时期的工商行政管理有三项突出的职能工作：

（一）统购统销政策出台，对粮、油、棉专项管理

新中国成立后，城市人口快速发展，国家粮食储备供应紧张，入不敷出。1953年春，局部地方出现霜灾，农户出于应对自然灾害的防备心理，不愿销售粮食，进一步催发了国家粮食紧张的局面，迫于形势压力，中央出台政策强制推动粮食征购。为响应政策，工商行政管理部门制定了相应的针对统购统销商品的市场管理办法，各地工商行政管理部门对参加经销、代销的企业换发营业执照，转业、歇业的分别进行登记，加强了对统购统销物资的管理，打击了囤积居奇等投机倒把活动，保证了统购统销政策的落实。

（二）助推个体工商业的社会主义改造

社会主义改造时期，工商行政管理部门通过登记和市场管理，加强对个体工商业者生产经营活动的监督检查，加强国家政策的宣传教育，引导个体工商业者走合作化道路，实现社会主义改造。

（三）负责国家对私营经济的采购业务

国民经济恢复时期开始，国家对私营工业的加工订货就由工商行政管理部门统一管理。在社会主义改造时期，加工订货有了很大发展，私营工业的生产、管理合同和预付定金等项工作仍然由工商行政管理部门负责安排。通过这些工作，保证了加工订货任务按时、按质、按量完成，并且基本上把私营工业引上了国家资本主义轨道。

总之，工商行政管理部门运用企业登记管理、市场管理、经济合同管理、指导工商联和摊贩联合会，以及统筹安排加工订货、协调公私关系等行政管理职能，促使私营工商业的社会主义改造顺利进行，并取得了巨大成就。

二、社会主义建设时期

1956年底，社会主义改造基本完成，我国社会主义经济制度确立。党中央提出解决当前社会矛盾主要是发展社会生产力，实行大规模的经济建设，创造更多的物质文化社会财富，以满足人民的需要。为了更好地对有限资源统筹利用，国家开始对社会经济活动实行统一的计划指导。这一时期工商管理体制随着局势变化，在夹缝中艰难发展，动荡变化：

（一）工商行政管理机构被压缩

1957年到1961年，在开始全面建设社会主义时期，社会局势复杂变化，工商行

政管理部门在新形势下，应承担什么任务，发挥什么作用，由于缺乏经验，又无可借鉴之处，只能在长期的工作实践中探索。1957年到1961年，在"左"倾冒进思想左右下，工商行政管理一度被单纯地看成是阶级斗争的工具。错误的定位导致工商行政工作工作范围大大缩小，管理机构一度被精简，大体就围绕管理集市贸易和打击投机倒把两项工作展开。

（二）工商行政管理工作出现阶段性突起

1961年，国家根据"调整、巩固、充实、提高"的八字方针，对国民经济进行调整，农村集市贸易和城市自由市场有了复苏迹象。为加强市场管理、打击资本主义势力，各地工商行政管理机构又陆续恢复，一些省、自治区和市、县还加强或新设了工商行政管理机构。

（三）工商行政管理工作僵硬化

1964年4月，国务院批转了中央工商行政管理局《关于工商行政管理机构和编制问题的报告》，强调了工商行政管理工作应当继续加强，不能削弱。然而，工商管理的理念和职能范畴因受当时社会环境的桎梏，呈现出扭曲的状态：一味盲从政策；在工商管理实践中，对管理对象限制太多、管理过死；行使职权时束手束脚，不知所为。当时，工商行政管理部门的工作任务除了惯常的市场管理、打击投机倒把之外，再没有更多的拓展和提升。

三、"文革"期间工商行政管理工作停滞不前

工商行政管理受到破"四旧"的冲击，工作被迫停止。1969年，中央和地方各级工商行政管理机构相继被撤并。1969年9月，中央工商行政管理局与商业部、粮食部、供销合作总社合署办公。1970年7月，上述四个单位正式合并为商业部，工商行政管理工作归商业部商管组负责。1971年9月，由于形势发展，一些地方根据实际工作需要，开始恢复工商行政管理工作，但主要还是负责市场管理和打击投机倒把工作。

总之，"文化大革命"使工商行政管理部门的组织机构和队伍遭到极其严重的破坏。工商行政管理各项工作几乎完全停止，工商行政管理部门的职能基本上已被取代，工作性质发生了根本变化，给工商行政管理工作造成了很大的混乱。

四、改革开放之后工商法制建设蓬勃发展

1978年，十一届三中全会召开，作出了把全党全国工作的重点转移到社会主义现代化建设上来的战略决策，开辟了建设具有中国特色社会主义的新的历史阶段。同年，国务院发出了《关于成立工商行政管理总局的通知》，成立中华人民共和国国家工商行政管理总局。工商行政管理机关随之恢复建制，重新焕发出生机与活力。三十多年来，工商行政管理法律制度与改革开放同行，从恢复建制到全面发展，步入了蓬勃发展的黄金时期。

第二节 工商行政管理法律制度的现状

从1979年6月，国家工商行政管理总局会同有关部门联合发出《关于特种行业企业进行登记管理的通知》，第一次就某些行业开展登记管理开始，到1982年8月，国务院颁布了《工商企业登记管理条例》，使工商管理正式迈上法制化进程，三十多年来，工商管理体制得到飞跃发展。

一、工商管理法律制度不断健全完善

（一）基本建立较为完善的工商监管法律体系

工商行政管理机关是市场监管和行政执法机关，有法可依，是监管执法的必要基础；依法行政，是履行职责的基本要求。改革开放以来，根据完善中国特色社会主义法律体系、落实依法治国基本方略、全面推进依法行政的要求，全系统高度重视立法立规工作，在国务院的统一领导和部署下，工商行政管理法制建设取得重大进展，尤其是2013年3月10日十二届全国人大一次会议审议国务院机构改革和职能转变方案，提出改革工商登记制度。这一年，先是公司法进行了第三次修订，随后国务院以及工商行政管理总局修订了《中华人民共和国公司登记管理条例》《中华人民共和国企业法人登记管理条例施行细则》《外商投资合伙企业登记管理规定》等一系列行政法规、规章。

截至目前，工商管理法律体系基本建成，基本形成了以公司法、反不正当竞争法、反垄断法、消费者权益保护法、广告法、商标法等法律及一大批行政法规、规章为主体的比较健全的工商行政管理法律法规体系，在规范市场主体行为、规范市场交易行为、规范市场竞争行为、规范市场监管行为等方面，为工商行政管理机关依法行政提供了比较完备的法律依据。

（二）基本建立了适应社会主义市场经济监管的工商行政管理体制机制

健全完善工商行政管理体制机制，是提高市场监管执法效能的重要保障。改革开放以来，在党中央、国务院的正确领导和各地党委、政府的关心支持下，工商行政管理体制机制改革稳步推进，取得重大突破。一是历经六次机构改革，逐步确立了工商行政管理市场监管和行政执法的职能定位，实现了工商行政管理职能的历史性转变，形成了从总局到基层工商所五级贯通、运转协调的分层管理体制，建立了布局合理、管理规范的基层监管执法体系。二是按照建设法治政府、服务政府、责任政府、效能政府的要求，深化行政管理体制改革，切实转变政府职能，加快了法治工商、信用工商、信息工商建设的步伐。三是实行了市场办管脱钩，促进了严格执法、公正执法。四是实行了省以下工商行政管理机关垂直管理，增强了执法的统一性、权威性和有效性。五是实现了工商行政管理总局机构升格，进一步提高了执法权威。这一系列改革创新举措，促进了适应社会主义市场经济发展需要的工商行政管理新体制的建立和完善。

二、工商行政管理职能与时俱进

根据党的十八大和十八届二中全会精神，深化政府机构改革和职能转变，工商行政管理职能与时俱进。按照建立中国特色社会主义行政体制目标的要求，以职能转变为核心，继续简政放权、推进机构改革、完善制度机制、提高行政效能。

（一）"四管一打"

1978年，成立中华人民共和国工商行政管理总局，直属国务院，由国务院财贸小组代管，在县和县以上设立工商行政管理局，县以下设立工商行政管理所。工商行政管理部门的主要职责是集市贸易管理、工商企业登记管理、经济合同管理、商标注册管理和打击投机倒把，简称"四管一打"。

（二）"六管一打"

1982年，工商行政管理总局调整为国家工商行政管理局，新增加了个体工商业管理、广告管理和监督检查商品流通中不正之风等项工作，简称"六管一打"。工商行政管理部门通过监督管理为国家经济建设服务，为改革开放服务，促进了经济的发展。

（三）市场执法和监督机构的主力军

1994年，工商行政管理部门按照《中共中央关于建立社会主义市场经济体制若干问题的决定》中关于"改善和加强对市场的管理和监督""建立有权威的市场执法和监督机构"的要求，努力实现职能转变。主要内容为：（1）改革企业登记管理制度，将现行的审批设立制度逐步过渡为工商行政管理机关依法核准登记注册制度；（2）拓宽监督管理范围，从侧重于监督管理集贸市场和工业品市场，转变为监督管理和参与监督管理各类市场；（3）调整行政执法对象，从重点查处投机倒把活动转变为依法规范市场交易行为，保护公平竞争；（4）提高管理层次，从侧重于具体业务管理转变为运用法律和行政手段进行宏观监督管理。

（四）确立社会主义大市场监管地位

1998年，经国务院批准，工商行政管理部门的职能再次进行了调整，主要是取消工商行政管理部门市场培育建设、全国市场布局规划、开展各类交易市场登记的管理职能。经过这次调整，进一步强化了工商行政管理市场监督管理职能，确立了工商行政管理监管社会主义大市场的地位。

（五）增加了查处传销职能

2001年，根据国务院关于机构调整的通知要求，国家工商行政管理局调整为国家工商行政管理总局，升格为正部级。同时将原由国家质量技术监督局承担的流通领域商品质量监督管理的职能划归国家工商行政管理总局，并增加了查处传销或变相传销等职能。

（六）增加网络交易和流通环节食品安全监管职能

2008年7月，在第七次国务院机构改革中，根据国务院办公厅印发的《国家工商行政管理总局主要职责内设机构和人员编制规定》，国家工商行政管理总局的职能增加了负责监督管理网络商品交易及有关服务行为、强化了反垄断与反不正当竞争执法、增加了对流通环节食品安全的监管职责等内容。

总之，工商行政管理的监管范围也随着社会主义市场经济的发展而逐步开拓转变，从监管相对单一的市场主体转到监管多元化的市场主体；从监管集贸市场为主转到监管社会主义大市场；从监管比较单一的国内市场转到监管日益国际化的市场，从以市场监管为主转到市场监管与消费维权并重，监管的领域逐步拓展，承担的任务日益繁重。

第三节　工商行政管理法律制度的发展与完善

工商行政管理在确认市场主体资格、监督管理市场行为、维护市场秩序等职能方面的特殊性，决定了它在国家经济宏观管理中，具有其他部门无法替代的作用。随着我国社会主义市场经济的快速发展，市场主体日益多元化，市场行为日益复杂化，有关立法将会越来越多。今后，工商行政管理执法的任务将会变得越来越繁重而艰巨。

转变工商行政管理部门的行政职能，必须处理好行政管理与市场的关系，深化工商行政审批制度改革，减少微观事务管理，该取消的取消、该下放的下放、该整合的整合，加快形成权界清晰、分工合理、权责一致、运转高效、法治保障的工商机构职能体系，真正做到该管的管住管好，不该管的不管不干预，切实提高政府管理科学化水平。以充分发挥市场在资源配置中的基础性作用、更好发挥工商行政机构在管理事务中的作用。

一、强化工商部门的监管职能

随着将"先证后照"改为"先照后证"，相应市场主体的监管职责也要随之进行调整，并重新划分各监管部门的职责分工，建立许可审批及登记监管相互协调的工作机制。既要明确许可审批部门的审批责任及监管责任，也要明确登记部门的工作配合责任，切实将"重审批轻监管"转变为"宽准入严监管"，推动政府管理方式由事前审批为主向事中、事后监管为主转变，形成许可审批部门与监管部门各司其责、相互配合、齐抓共管的工作机制及责任体系。

（一）创新监管理念

充分发挥市场在资源配置中的决定性作用，牢固树立"企业自治、行业自律、社会监督、政府监管"的理念；充分发挥工商行政职能部门在市场监管中的重要作用，按照"谁审批、谁监管，谁主管、谁监管"的原则，推动"先照后证"后的事中、事后监管责任的落实，依法行政，真正做到法无授权不可为，不缺位、不越位、不错位，严格依法监管，公正严明执法。

（二）推动建立综合执法新机制

加强信用监管，严格落实企业信息公示、经营异常名录、严重违法企业名单等制度，强化信息公示、信息共享、信用约束，努力构建信用监管机制。推进工商行政执法与刑事司法衔接工作，规范案件移送程序、标准，努力维护市场监管的严肃性、权威性。

（三）切实加强维护正当竞争环境执法工作

要加大反垄断和反不正当竞争执法力度，重点查处社会反应强烈的垄断行为、限制竞争行为以及不正当竞争行为，维护良好的市场交易秩序。

（四）依法查处扰乱市场秩序的行为

继续深入开展打击侵犯知识产权和制售假冒伪劣商品工作，加大商标专用权保护力度。严厉打击传销，规范直销，完善网络传销监测查处机制，研究加强预防管控相关措施。加强对直销违法违规行为新动向的分析研究，强化监管，规范直销企业行为。强化网络市场监管，严厉打击网络销售假冒伪劣商品等违法行为，全力推进网络市场规范化建设，加强网络市场监管顶层设计，完善规制体系。强化合同监管，加大对重点行业领域"霸王条款"的整治力度。

（五）加强基层工商所规范化建设

深入推进基层工商所制度化建设，打造过硬的基层执法队伍，完善监管执法机制，硬化绩效考核标准。明确责任层级细则，落实监管执法要求。同时，加强与其他部门，如质检、卫生、药监、公安的联系，面对一些涉及前置许可的情况，争取联合执法，多管齐下，克服当前执法存在的"或都管或都不管"的困局。

二、规范工商执法

加快法治政府建设。完善依法行政的制度，提高制度质量。健全科学民主依法决策机制，建立决策后评估和纠错制度。严格依照法定权限和程序履行职责，确保法律、行政法规有效执行。深化政务公开，推进行政权力行使依据、过程、结果公开。建立健全各项监督制度，让人民监督权力。强化行政问责，严格责任追究。

（1）健全行政执法和刑事司法衔接机制。健全行政执法和刑事司法衔接机制，完善案件移送标准和程序，建立行政执法机关、公安机关、检察机关、审判机关信息共享、案情通报、案件移送制度，坚决克服有案不移、有案难移、以罚代刑现象，实现行政处罚和刑事处罚无缝对接。

（2）坚持严格规范公正文明执法。依法惩处各类违法行为，加大关系群众切身利益的重点领域执法力度。完善执法程序，建立执法全过程记录制度。明确具体操作流程，重点规范行政许可、行政处罚、行政强制、行政征收、行政收费、行政检查等执法行为。严格执行重大执法决定法制审核制度。建立健全行政裁量权基准制度，细化、量化行政裁量标准，规范裁量范围、种类、幅度。

（3）执法信息化建设和信息共享，提高执法效率和规范化水平。

（4）全面落实行政执法责任制，严格确定不同部门及机构、岗位执法人员执法责任和责任追究机制。

（5）强化执法监督。坚决排除对执法活动的干预，防止和克服地方和部门保护主义，惩治执法腐败现象。强化对行政权力的制约和监督。加强党内监督、人大监督、民主监督、行政监督、司法监督、审计监督、社会监督、舆论监督制度建设，努力形成科学有效的权力运行制约和监督体系，增强监督合力和实效。

三、构建统一的市场主体信用信息公示平台

将市场主体登记信息向社会公示，是产生对抗力和公信力的必要条件。实行公司注册资本认缴登记的"宽进"制度，必须配合实施市场主体登记信息公示，才能强化社会监督，防止认缴滥用，保护交易安全。整合公示平台汇集的市场主体登记监管信息，实现各类信息有效关联，为广大投资者和交易相对人提供准确、集中、全面查询服务，提高市场主体信息透明度，保障社会交易安全。同时，密切关注登记管理信息中市场主体发展的新情况、新亮点、新热点，开展综合分析，丰富分析内容、完善分析手段、提高分析水平，为政府决策、部门监管、行业自律和社会投资提供更好服务。

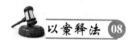

以案释法 08

工商局开出不配合反垄断调查行政处罚单

2015年2月5日，省工商局根据国家工商总局授权，对辖区内的某工程公司等3家公司在某省区域销售支付密码器涉嫌垄断行为进行立案调查。

6月18日，省工商局为查明案件事实，依法向该公司送达调查通知，要求其在10个工作日内积极配合调查，并提供自2010年以来在该省推广支付密码器有关协议、单证、会计账簿、业务函电、电子数据等文件、资料。截至7月3日期满，该工程公司等3家公司均未提供任何相关材料。7月8日，省工商局再次向该公司送达了《限期接受调查的通知》，限其3个工作日（截至7月13日期满）内按照要求配合调查。

截至7月14日，该工程公司仅寄送一份表达其不构成垄断行为的关于反垄断调查的申述意见，未按照规定要求提供相关材料。

根据以上事实，省工商局于2015年9月7日，依法向该工程公司送达了行政处罚

听证告知书，告知拟对其作出行政处罚的事实、理由、依据及其享有的陈述、申辩及要求听证的权利。9月10日，该工程公司提交了《行政处罚听证申请书》，申请举行听证，但在7天之后又提交了《行政处罚放弃听证申请书》，放弃了听证。

省工商局认为，该工程公司的前述行为违反反垄断法第四十二条和《工商行政管理机关查处垄断协议、滥用市场支配地位案件程序规定》第十四条之规定，构成拒绝提供有关材料的行为。依据反垄断法第五十二条的规定，省工商局作出行政处罚决定，责令该工程公司立即改正，并处罚款20万元。

 释解

解读本案，有两个关键点：其一，该企业是否有配合反垄断调查的义务；其二，该省工商局作出的20万元行政处罚是否有法可据。

首先，企业有配合反垄断执法机构调查的义务。

根据反垄断法第四十二条规定："被调查的经营者、利害关系人或者其他有关单位或者个人应当配合反垄断执法机构依法履行职责，不得拒绝、阻碍反垄断执法机构的调查"。

公司作为经营者，理应配合反垄断执法机构，不得拒绝、阻碍反垄断执法机构的调查。在此案调查期间，反垄断执法机构依法先后两次向其直接送达了调查通知，并两次电话督促其履行法律义务。但截至期限届满，该公司仅提供一份申述意见行使了其陈述的权利，未按规定要求履行其提供相关材料的法律义务。这折射出我国该企业对反垄断法不熟悉、不关心，法律意识淡漠，以致拒绝反垄断调查的态度。

其次，该省工商局作出的20万行政处罚有法可据。

根据反垄断法第五十二条规定："对反垄断执法机构依法实施的审查和调查，拒绝提供有关材料、信息，或者提供虚假材料、信息，或者隐匿、销毁、转移证据，或者有其他拒绝、阻碍调查行为的，由反垄断执法机构责令改正，对个人可以处二万元以下的罚款，对单位可以处二十万元以下的罚款；情节严重的，对个人处二万元以上十万元以下的罚款，对单位处二十万元以上一百万元以下的罚款；构成犯罪的，依法追究刑事责任。"

第五章

市场主体监管

导　读

　　市场主体准入制度的建立和完善，对确立公平、开放、透明的市场规则，具有重要意义。这里所说的市场主体，从法律上讲，主要包括公司、合伙、独资企业、个体工商户等专门从事经营活动的经营主体。市场主体准入制度是国家对市场主体资格的确立、审核和确认的一系列法律制度，包括取得市场主体资格的实体条件和程序条件。对此，公司法、合伙企业法、外资企业法等实体法，以及公司登记管理条例、企业法人登记管理条例等均有相关规定。同时，法律也赋予了工商行政管理部门对市场主体进行规范化管理的职权。

第一节　市场主体概述

一、市场主体

（一）市场主体

　　广义的市场主体是指在市场上从事经济活动，享有权利和承担义务的个人和组织，具体包括投资者、经营者、企业、劳动者以及消费者。

　　狭义的市场主体，也叫市场经营主体，是指以营利为目的，从事商品生产经营和服务活动的经济实体。其特点：一是必须取得市场经营资格；二是必须从事经营活动；三是所从事的属于具有营利性质的经营活动；四是能够独立享有民事权利和承担民事责任。

（二）市场主体分类

　　市场主体分类标准很多，目前通常分为经济性质和企业组织形式两类。

1. 按经济性质分类

按经济性质分为：（1）国有企业（或称全民所有制企业）；（2）集体企业（或称集体所有制企业）；（3）私营企业；（4）外商投资企业（包括中外合资企业、中外合作经营企业、外商独资企业）；（5）个体工商户。

2. 按企业组织形式分类

按企业组织形式分为：

（1）独资企业，是指一名出资者单独占用，并由出资者个人负责经营管理的企业。独资企业不是法人。

（2）合伙企业，是指两个或两个以上的合伙人联合经营的企业。合伙企业每个合伙人以全部个人财产对企业债务承担无限责任。合伙企业不是法人。

（3）公司企业，是指依照法定程序和法定条件设立的，以营利为目的的社团法人，它具有独立的人格，按照公司法规定，公司包括有限责任公司、股份有限公司、国有独资公司三种。

（三）市场主体的法律特征

市场主体作为市场经济活动中的行为主体，除应具备民法中的民事主体基本特征（如自然人要有民事权利能力、民事行为能力，法人要有独立人格、独立财产、独立责任等）外，还具有一些不同于民事主体的特殊法律特征，主要有以下四个特征：

1. 法定性

市场主体参加市场经济活动，需要得到法律的确认和授权。我国法律对市场主体的财产关系和组织机构作有明确的条件规定，比如公司法对公司的设置，承担的法律责任以及对董事会、监事会等机构享有的权利义务，均作了具体的条件规定。还有市场主体要依照法定工商登记程序公布经营者身份、经营状况、经营能力等信息。

2. 营利性

市场主体必须以营利性活动作为其营业内容。市场主体进行商事行为应当以营业的方式进行，即以获取利益为目的，连续而稳定地从事营业范围确定的经营活动。

3. 独立性

市场主体具有独立的资产和经济利益，独立自主的参与市场经济活动，承担法律责任。

4. 平等性

市场主体以平等地位参与经济活动的，在同等的条件下参与市场竞争。任何组织或者个人在从事商品交换活动中都不应有任何特权。

二、市场主体的权利和义务

（一）市场主体的权利

法律赋予市场主体的应享有的权利包括：

1. 法定财产权

法定财产权是指具有物质内容或直接体现为经济利益的权利，主要包括所有权、经营权、承包权、知识产权的财产权利、抵押权、质押权、留置权、债权等。市场主体财产权利应该得到法律保障。实践中，行政司法机关滥用职权，侵害市场主体财产权的事件屡见不鲜，比如滥用公权力强制查封、扣押、冻结、罚款、划拨以及没收财产等。市场主体的财产受法律保护，执法部门应当依法办事，保障市场主体正当合法财产不受侵犯。

2. 经济自由权

市场主体拥有法律规定范围内的经济自由权。广义的经济自由权包括诸多方面，比如合同自由、价格自由、竞争自由、广告自由、行为自由、生产自由、自主经营自由、消费自由、销售自由、职业自由等。我国法律对经济自由有明确规定，就目前来说，主要有三个方面：一是国有企业的经营自主权，二是集体经济组织独立进行经济活动的自主权，三是劳动者的承包经营权。相对来说，我国法律对经济自由权的规定并未形成完整的体系，内容比较单薄。

3. 平等权

平等权是指市场主体依照法律规定享有法律地位平等的权利。市场主体之间不存在行政上的隶属关系，他们的地位是平等的：在市场上卖家和买家是平等的，他们分别是商品或货币的所有权者，双方有平等的权利。任何人不得利用强制手段干预交易，破坏平等竞争、平等消费、平等决策等权利。平等权也要求政府部门平等对待、平等保护不同市场主体的合法权益。

4. 救济权

当市场主体遵纪守法、合法经营的状况下，权利受到不法侵犯，有权请求国家有关行政权力机关以强制力量保证其实现正当权益、补偿被侵害权益的权利。

（二）市场主体的义务

市场主体的义务，是指法律要求其必须作出或不作出一定经济行为，以及对其他市场经营主体应当作出或不作出一定经济行为的责任。市场经营主体应履行的法定义务有许多，主要包括：依法登记、依法纳税、合法经营、执行国家的经济政策、保护消费者权益、保护环境、接受政府机关的监督管理等。

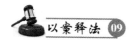 以案释法 09

县政府限定公务消费侵犯市场主体平等权

赵老板、钱老板的家乡是一个农业大县，生产优质白酒，几乎家家户户都会酿酒。大湖酒厂是全市最大的一家企业，生产"大湖"牌白酒。原来是国有制企业，现在改制为国家控股、职工参股的有限公司。因为个体酒坊、私营酒厂遍布全市，竞争激烈，改制后的酒厂的经营处境依旧艰难，作为全市最大酒厂的大湖酒，其市场份额也不到十分之一。厂领导和职工因为生计艰难，经常到县政府叫苦，甚至到省政府上访，要求政府扶持。

2012年年初，县政府为了改善大湖酒厂的处境，专门下发了"红头文件"，给县属各单位下达了年销"大湖"酒的指标，要求县属各单位公务消费必须用大湖酒厂的酒，发奖金也要用这种酒。半年不到，大湖酒厂的销量上去了，职工的工资、奖金及各项福利均得到了大幅度的提高。与此相反，县里的私营酒厂、个体酒坊的生意，因为市场受到挤压，销售业绩遭受极大的冲击。就在大湖酒厂领导职工弹冠相庆之时，许多酒坊却面临着倒闭的困境。

为了使自己能够享有平等的竞争权，防止因不公正对待而将自己辛辛苦苦建立起来的酒厂搞亏、搞垮，县里许多私营酒坊主联合起来，向当地中级人民法院提起了行政诉讼，状告县人民政府。

 释解

物权法第三条规定："国家在社会主义初级阶段，坚持公有制为主体、多种所有制经济共同发展的基本经济制度。国家巩固和发展公有制经济，鼓励、支持和引导非公有制经济的发展。国家实行社会主义市场经济，保障一切市场主体的平等法律地位和发展权利。"

大湖酒厂在经营困难之时，本应该加强管理，改进工艺，向市场找出路，但却错误地寻求政府保护。而当地政府把国家控股的企业和众多的个体酒坊、私营酒厂区别对待，错误地给予保护，这不利于市场机制的健全发挥，也不利于大湖酒厂的自身发展。根据反不正当竞争法第七条"政府及其所属部门不得滥用行政权力，限定他人购买其指定的经营者的商品，限制其他经营者正当的经营活动。政府及其所属部门不得滥用行政权力，限制外地商品进入本地市场，或者本地商品流向外地市场"的相关规定，县政府应该撤销所发布的歧视性文件，让本县内的各经营者在一个公平的平台上平等竞争。

最终，此案在法院的主持下调解结案，政府同意撤销相关文件，不再滥用行政权力，限制市场竞争，让所有的经营者共同发展，平等地竞争。

第二节　市场准入制度

一、市场准入制度概述

市场准入制度是有关国家和政府准许公民和法人进入市场，从事商品生产经营活动的制度规范的总称。它是商品经济发展到一定历史阶段，随着市场对人类生活的影响范围和程度日益拓展和深化，为了保护社会公共利益的需要而逐步建立和完善的。关于市场主体准入的立法模式，在不同国家或同一国家不同的时期，由于经济发展水平、政治经济制度、文化历史背景等方面的原因，存在着重大差别，由此形成了不同的市场主体准入立法模式。

（一）立法模式

1.自由放任模式

即国家对市场主体进入市场采取不干预政策，任何人均可通过任何方式进入市场从事生产经营活动，法律不予禁止。

2.特许主义模式

指根据特别法、专门法规或行政命令的方式赐予设立市场主体的权利，或者是由国家领导人特许才能有资格获得市场主体地位。采取这种方式准许设立企业主要有以下形式：（1）由国家元首发布命令而设立；（2）经国家特许的方式设立；（3）由国家立法机关制定特别法律许可设立。

工业革命前期，企业设立被视为一种特权，只有最高统治者和统治机构才有特别授予和赏赐的权利，英国东印度公司就是世界范围内最早获得特许而成立的公司。

3.核准主义模式

又称为行政许可主义模式，是指市场主体首先经过政府行政机关的审批许可，然后再经政府登记机关登记注册后才可以设立。

4.准则主义模式

这是由法律先规定市场主体设立的必要条件，只要按照这些法定条件设立市场主体，不必经过国家机关批准，即可登记成立。这一模式最大特点是设立手续简便，同时也减少了政府对主体设立的行政干预，因此目前被广泛采用。

5.混合主义模式

又称为"折中主义模式"，即一般市场主体准入采用准则主义，特殊市场主体准入采用行政许可主义。

（二）我国市场准入制度体系

我国的市场准入制度是个多层次的制度体系，具体包括以下三个层面的制度：

（1）一般市场准入制度，这是市场经营主体进入市场，从事市场经营活动都必须遵守的一般条件和程序规则。

（2）特殊市场准入制度，这是规定市场经营主体进入特殊市场从事经营活动所必须具备的条件和程序规则的制度。

（3）涉外市场准入制度，这是对外国资本进入国内市场和一国对本国资本进入国际市场而规定的各种条件和程序规则。

二、我国工商登记制度

工商登记是政府在对申请者进入市场的条件进行审查的基础上，通过注册登记，确认申请者从事市场经营活动资格，使其获得实际营业权的各项活动的总称。

（一）工商登记

1.工商登记制度的基本功能

工商登记制度的基本功能有以下三种：

（1）规范市场主体，保证市场主体具备从事市场经营活动的能力。

（2）掌握市场主体的基本情况，保证国家对市场经营活动进行有效的管理与监督。

（3）公开市场主体的基本情况，保护消费者和其他市场经营主体的利益。

2.工商登记的基本类型

根据现行法律规定，我国工商登记类型有两种：企业法人登记和营业登记。

（1）企业法人登记。拟设立的企业符合法人条件的，可以申请企业法人登记。通过企业法人登记、领取营业执照、申请登记企业法人资格后，该企业便可以作为独立的法人获得经营权。

（2）营业登记。不具备法人条件的经济组织，不能申请企业法人登记但可以申请营业登记。营业登记不能使登记的经济组织获得法人资格，但是，可以使其获取营业资格。经登记取得执照后，该经济组织可以在登记的范围内从事市场经营活动。

3.营业登记的一般条件

关于营业登记的条件法律无明文规定，但从工商行政实务来讲，一般要求：（1）营业范围必须属于法律规定的范围；（2）应当有自己的名称和营业场所；（3）有明确的负责人；（4）有与经营规模相适应的资金或其他条件。

4.工商登记的程序

工商行政管理部门负责工商登记事项。工商登记的一般程序包括：（1）申请与受理；（2）审查申请登记的企业，其他组织或个人是否具备法律规定的应予注册登记的各项条件；（3）核准；（4）发照。

（二）审批许可制度

审批许可制度，是指国家有关部门对设立企业和其他类型的经济组织进行特定的生产经营活动进行审查，在符合法律规定的条件下，准许其进入某种市场，从事生产经营活动的一种市场准入制度。

1. 审批制度的适用范围

审批制度主要适用于从事特定类型的生产经营活动。

从现行立法的规定来看，需要经有关部门审查才能设立的企业主要包括：药品生产企业和药品经营企业、金融业经营机构、外商投资企业、文物经营企业、计量器具的生产和修理企业、食品生产经营企业、烟草经营企业、化学危险品经营企业、麻醉药品经营企业、广告经营企、通信服务经营企业、锅炉压力容器生产企业等。

2. 审批许可机构

审批许可机构根据市场主体经营的商品服务类别的不同而有所差别。从事药品生产经营的，由卫生行政部门负责审批；金融业经营机构的设立，由中国人民银行负责审批；从事证券业务的，由证监会审批；设立外商投资企业的，由对外经济贸易行政部门审批；从事文物经营的，由文物管理部门审批；从事计量器具生产、修理的，由技术监督行政管理部门审批；从事食品生产经营的，由卫生行政部门审批；从事烟草经营的，由烟草专卖行政管理部门审批。

3. 审批许可的效力

无论是立法特许、专项审批，还是许可证的颁发，都说明国家已经认为拟设立或已经存在的企业或其他经济组织符合从事特定市场经营活动的条件，从而允许其从事此方面的活动。审批许可后，设立相关企业的行为以及从事特定范围内的生产经营活动的行为，便成为一种合法的行为。获得批准许可而设立的市场主体或者获得批准许可经营的市场主体便有权从事批准许可范围内的生产经营活动。

 以案释法 ⑩

涉外公司未经核准登记擅自经营

同城酒店管理有限公司，根据调查显示，其住所在澳大利亚新南威尔士州，登记注册类型为外国承包工程及提供劳务（承包商）。该酒店管理公司于2004年5月10日与北京某房地产开发有限公司签订管理协议，由其管理鑫源酒店。当事人根据管理协议的约定，收取基本管理费和奖励费。

自2005年8月23日至2011年10月12日，北京市工商机关立案调查之日止，当事人未办理承包经营管理营业执照登记，从事承包经营管理酒店活动。在此期间，当事人收取基本管理费约120万元，奖励费约300万元，已缴纳税款约6.3万元。

工商局根据调查事实，作出对同城酒店非法经营给予行政处罚的决定。

现在外商企业在我国活动频繁，因为查办违法事实取证难，所以一直存在监管力度不够的现象。同城酒店管理公司的上述行为，违反了《外国（地区）企业在中国境内从事生产经营活动登记管理办法》第三条第三项的规定，已构成未经核准登记，擅自开业从事经营活动的违法行为。依据该办法和《企业法人登记管理条例施行细则》第六十条第一款第一项的规定：“未经核准登记擅自开业从事经营活动的，责令终止经营活动，没收非法所得，处以非法所得额3倍以下的罚款，但最高不超过3万元，没有非法所得的，处以1万元以下的罚款。”

第三节　企业登记管理

一、公司登记管理概述

（一）公司登记

1、法律依据

我国在工商登记方面主要依据公司法和公司登记管理条例等法律法规。公司法于1993年12月29日第八届全国人大常委会第五次会议通过，1999年第一次修正，2004年第二次修正，2013年进行了第三次修订。随后国务院以及国家工商行政管理总局同步修订了公司登记管理条例（1994年）、企业法人登记管理条例施行细则、外商投资合伙企业登记管理规定等一系列行政法规、规章。学习工商登记法律制度，重点掌握设立登记、变更登记、注销登记中应该登记的事项以及注意的法律问题，了解违反公司法相关登记管理制度规定应负的法律责任。

2.法律效力

公司登记法律制度要求有限责任公司和股份有限公司设立、变更、终止，应当办理公司登记。公司经公司登记机关依法登记，领取企业法人营业执照，方取得企业法人资格。未经公司登记机关登记的，不得以公司名义从事经营活动。工商行政管理机关是公司登记机关。工商行政管理机关登记存在级别管辖。

（二）登记级别管辖

1.国家工商行政管理总局

国家工商行政管理总局负责下列公司的登记：（1）国务院国有资产监督管理机构履行出资人职责的公司以及该公司投资设立并持有50%以上股份的公司；（2）外商投资的公司；（3）依照法律、行政法规或者国务院决定的规定，应当由国家工商行政管理总局登记的公司；（4）国家工商行政管理总局规定应当由其登记的其他公司。

2. 省、自治区、直辖市工商行政管理局

省、自治区、直辖市工商行政管理局负责本辖区内下列公司的登记：（1）省、自治区、直辖市人民政府国有资产监督管理机构履行出资人职责的公司以及该公司投资设立并持有50%以上股份的公司；（2）省、自治区、直辖市工商行政管理局规定由其登记的自然人投资设立的公司；（3）依照法律、行政法规或者国务院决定的规定，应当由省、自治区、直辖市工商行政管理局登记的公司；（4）国家工商行政管理总局授权登记的其他公司。

3. 地市级工商行政管理部门

设区的市（地区）工商行政管理局、县工商行政管理局，以及直辖市的工商行政管理分局、设区的市工商行政管理局的区分局，负责本辖区内下列公司的登记：（1）公司登记管理条例第六条和第七条所列公司以外的其他公司；（2）国家工商行政管理总局和省、自治区、直辖市工商行政管理局授权登记的公司。

前款规定的具体登记管辖由省、自治区、直辖市工商行政管理局规定。但是，其中的股份有限公司由设区的市（地区）工商行政管理局负责登记。

（三）公司登记事项

公司的登记事项应当符合法律、行政法规的规定。不符合法律、行政法规规定的，公司登记机关不予登记。具体登记事项包括：（1）名称；（2）住所；（3）法定代表人姓名；（4）注册资本；（5）公司类型；（6）经营范围；（7）营业期限；（8）有限责任公司股东或者股份有限公司发起人的姓名或者名称。

二、设立登记

公司设立登记是指公司设立人按法定程序向公司登记机关申请，经公司登记机关审核并记录在案，以供公众查阅的行为。

（一）设立登记相关事项

申请设立有限责任公司，应当向公司登记机关提交下列文件：（1）公司法定代表人签署的设立登记申请书；（2）全体股东指定代表或者共同委托代理人的证明；股东是法人的应加盖印章，股东是自然人的，应签署姓名；（3）公司章程；（4）股东的主体资格证明或者自然人身份证明；（5）载明公司董事、监事、经理的姓名、住所的文件以及有关委派、选举或者聘用的证明；（6）公司法定代表人任职文件和身份证明；（7）企业名称预先核准通知书；（8）公司住所证明；（9）国家工商行政管理总局规定要求提交的其他文件。

（二）公司设立登记的法律效力

公司经设立登记，将依法取得三项权利：法人资格；从事经营活动的合法身份；公司名称专用权。

三、变更登记

公司变更登记是指公司改变名称、住所、法定代表人、经营范围、企业类型、注册资本、营业期限、有限责任公司股东或者股份有限公司发起人的登记。公司变更登记事项应当向原公司机关申请变更登记。未经核准变更登记，公司不得擅自变更登记事项，否则应当承担相应的法律责任。

公司变更登记的程序：受理审查；核准；领取执照办理其他证件变更。

四、注销登记

公司注销登记是指登记机关依法对因解散、歇业、被撤销、宣告破产、被责令关闭或者其他原因终止营业的企业，收缴营业执照、公章等，撤销其注册号，取消其法人资格的行政行为。

（一）注销登记的情形

有下列情形之一的，公司清算组应当自公司清算结束之日起30日内向原公司登记机关申请注销登记：（1）公司被依法宣告破产；（2）公司章程规定的营业期限届满或者公司章程规定的其他解散事由出现，但公司通过修改公司章程而存续的除外；（3）股东会、股东大会决议解散或者一人有限责任公司的股东、外商投资的公司董事会决议解散；（4）依法被吊销营业执照、责令关闭或者被撤销；（5）人民法院依法予以解散；（6）法律、行政法规规定的其他解散情形。

（二）公司申请注销登记

公司申请注销登记，应当提交下列文件：（1）公司清算组负责人签署的注销登记申请书；（2）人民法院的破产裁定、解散裁判文书，公司依照公司法作出的决议或者决定，行政机关责令关闭或者公司被撤销的文件；（3）股东会、股东大会、一人有限责任公司的股东、外商投资的公司董事会或者人民法院、公司批准机关备案、确认的清算报告；（4）《企业法人营业执照》；（5）法律、行政法规规定应当提交的其他文件。

国有独资公司申请注销登记，还应当提交国有资产监督管理机构的决定，其中，国务院确定的重要的国有独资公司，还应当提交本级人民政府的批准文件。有分公司的公司申请注销登记，还应当提交分公司的注销登记证明。

以案释法 11

工商局登记审查是否应当涉及实质权属

2014年3月25日，某房地产开发有限公司以公司法定代表人张某涉嫌经济犯罪为由，召开股东大会，股东会决议同意免去张某总经理、法定代表人职务；同意由林某接任该公司总经理、公司法定代表人职务。2014年4月，公司向该市工商行政管理局申请公司法定代表人变更登记。2014年4月26日，该市工商局给公司送达告知通知书，要求该公司按通知要求提交变更登记材料，随后该公司向市工商局提交变更登记资料。4月28日，市工商局以"章程不符合公司法规定"为由，作出不予受理的行政决定。

公司不服，向人民法院起诉，要求撤销市工商局不予受理的行政决定。

释解

这个案例涉及登记机关进行登记审查的权限，是形式审查还是实质审查的问题。

我们知道，公司登记行为属于依申请的行政行为，行政机关在行政许可程序中仅对申请人所提供的相关材料是否符合法定条件进行审查。公司登记管理条例第二条第二款的规定：申请办理公司登记，申请人应当对申请文件、材料的真实性负责；该条例在第八章登记程序中，也规定了公司登记机关对于申请人提供的文件、材料作出准予登记或不予登记的决定。其中并未涉及应当深入地对登记材料进行实质性审查的内容。换而言之，工商行政管理部门只能依法就登记事务是否符合法律规定予以核查，而不具有确认权利归属或法律关系的裁量权。本案中，该房地产公司召开股东会并形成股东会决议，同意免去张某公司总经理、法定代表人职务，以及同意林某接任公司总经理、法定代表人职务的事项，符合该公司章程规定，亦符合公司法的相关规定，公司2014年3月25日股东会决议内容有效。所以，市工商局应该为公司办理法定代表人变更手续。

工商变更登记程序违法纠纷

徐某投资某县铅锌矿，于2014年9月29日在该县工商行政管理局办理了登记，并取得个人独资企业营业执照。2015年9月5日，邓某向工商局提供了徐某的个人独资企业营业执照、安全生产合格证等材料，要求将铅锌矿的法定代表人变更为邓某。2015年9月8日，工商局通过初审核定，作出了准予变更登记的决定。2014年9月9日，邓某又提供了一份虚假转让协议，并于同日签名领取变更投资人的营业执照。

2015年10月14，徐某得知营业执照被邓某变更登记，于10月15日向工商局提出申请，要求对邓某进行处罚并撤销变更登记。工商局经调查，认定邓某提供的铅锌矿转让协议为虚假文件，随即发出责令改正，罚款2000元的行政处罚。2015年12月21日，工商局发函告知徐某，称已对邓某作出行政处罚，但没有撤销变更登记。徐某不服，向人民法院提起行政诉讼。

释解

本案中，邓某向工商局提供虚假登记材料骗取法定代表人变更登记，随后原法定代表人又将工商局告上法庭，这里面涉及三方法律关系，案情有些复杂。分析本案要明确两个问题：

首先，个人独资企业法定代表人的变更问题，包括变更的程序规定、变更所需材料。对个人独资企业来说，法定代表人实际上指的就是投资人。个人独资企业登记管理办法第十三条第二款规定："个人独资企业变更投资人姓名和居所、出资额和出资方式，应当在变更事由发生之日起15日内向原登记机关申请变更登记"。本案中，依据邓某提供的转让协议，变更事由发生之日是2014年9月9日，那么其申请变更登记应该是在9日之后的15日之内，而工商局于2015年9月8日通过初审核定，准予变更登记该矿的投资人，作为管理机关的工商局先通过初审核定，而后才接受转让协议，此举明显程序违法。

其次，作为行政主体的工商局对错误变更登记的认定以及理应采取的相应措施。个人独资企业登记管理办法第三十六条规定："个人独资企业办理登记时，提交虚假文件或者采取其他欺骗手段，取得企业登记的，由登记机关责令改正，处以5000元以下的罚款；情节严重的，并处吊销营业执照。"因此，工商局对邓某所作出的行政处罚是有法律依据，然而并不全面。工商局既然已经认定变更登记行为是错误的，就应当予以撤销，其不予撤销的行为违反了其应当履行的职责，行为后果继续侵犯了徐某的合法权益，因而导致徐某据此提起行政诉讼。法院最终判令撤销县工商行政管理局作出的铅锌矿变更登记。本案中，作为被告的县工商行政管理局在审查的过程中，存在重大过错。既违反了有关程序的规定，也没有对相关材料予以认真审核，最终进行了错误的变更登记。

第四节　其他行政许可

一、动产抵押登记

动产抵押是指债权人对于债务人或第三人不转移占有而供作债务履行担保的动产，在债务人不履行债务时，予以变价出售并就其价款优先受偿的权利。

根据担保法第四十二条第五项"以企业的设备和其他动产抵押的，为财产所在地的工商行政管理部门"的规定，来确定为动产抵押登记的管理部门。

2007年，国家工商行政管理总局依据物权法和担保法，制定了动产抵押登记管理办法规定：企业、个体工商户、农业生产经营者以现有的以及将有的生产设备、原材料、半成品、产品抵押的，应当向抵押人住所地的县级工商行政管理部门办理登记。未经登记，不得对抗善意第三人。

《动产抵押登记书》应当载明下列内容：（1）抵押人及抵押权人名称（姓名）、住所地；（2）代理人名称（姓名）；（3）被担保债权的种类和数额；（4）担保的范围；（5）债务人履行债务的期限；（6）抵押财产的名称、数量、质量、状况、所在地、所有权归属或者使用权归属；（7）抵押人、抵押权人签字或者盖章。

二、广告经营资格审批

广告法第六条规定："国务院工商行政管理部门主管全国的广告监督管理工作，国务院有关部门在各自的职责范围内负责广告管理相关工作。县级以上地方工商行政管理部门主管本行政区域的广告监督管理工作，县级以上地方人民政府有关部门在各自的职责范围内负责广告管理相关工作。"

广告管理条例第六条规定，经营广告业务的单位和个体工商户，应当按照条例和有关法规的规定，向工商行政管理机关申请，分别情况办理审批登记手续：（1）专营广告业务的企业，发给企业法人营业执照；（2）兼营广告业务和事业单位，发给广告经营许可证；（3）具备经营广告业务能力的个体工商户，发给营业执照；（4）兼营广告业务的企业，应当办理经营范围变更登记。

三、外国企业办事机构及常驻代表机构登记

2010年11月19日，国务院发布《外国企业常驻代表机构登记管理条例》，2011年3月1日实施，并于2013年7月18日根据《国务院关于废止和修改部分行政法规的决定》进行了修改。该条例规定在中国境内设立的从事与该外国企业业务有关的非营利性活动的办事机构，不具有法人资格，其设立、变更、终止，应当依照规定办理登记。登记事项包括：代表机构名称、首席代表姓名、业务范围、驻在场所、驻在期限、外国企业名称及其住所。

代表机构名称应当由以下部分依次组成：外国企业国籍、外国企业中文名称、驻在城市名称以及"代表处"字样，并不得含有下列内容和文字：（1）有损于中国国家安全或者社会公共利益的；（2）国际组织名称；（3）法律、行政法规或者国务院规定禁止的；（4）代表机构应当以登记机关登记的名称从事业务活动。

第五节　法律责任

法律责任是指因违反了法定义务或契约义务，或不当行使法律权利、权力所产生的，由行为人承担的不利后果。

违反公司登记管理规定的，由工商行政机关根据情节轻重，分别给予警告、责令改正，罚款、没收非法所得、撤销公司登记或吊销营业执照的行政处罚。

具体违法情形主要包括以下方面：

一、违反设立登记

具体包括：（1）虚报注册资本，取得公司登记的；（2）提交虚假材料或者采取其他欺诈手段隐瞒重要事实，取得公司登记的；（3）公司的发起人、股东虚假出资，未交付或者未按期交付作为出资的货币或者非货币财产的；（4）公司的发起人、股东在公司成立后，抽逃出资的；（5）公司成立后无正当理由超过6个月未开业的，或者开业后自行停业连续6个月以上的；（6）未依法登记为有限责任公司或者股份有限公司，而冒用有限责任公司或者股份有限公司名义的；（7）外国公司违反公司法规定，擅自在中国境内设立分支机构的。

二、违反变更登记

公司登记事项发生变更时，未依照公司登记管理条例规定办理有关变更登记的。

三、违法清算

具体包括：（1）公司在进行清算时，隐匿财产，对资产负债表或者财产清单作虚假记载或者在未清偿债务前分配公司财产的；（2）公司在清算期间开展与清算无关的经营活动的；（3）清算组不按照规定向公司登记机关报送清算报告，或者报送清算报告隐瞒重要事实或者有重大遗漏的；（4）清算组成员利用职权徇私舞弊、谋取非法收入或者侵占公司财产的；（5）公司在合并、分立、减少注册资本或者进行清算时，不按照规定通知或者公告债权人的。

四、违反营业执照管理

具体包括：（1）伪造、涂改、出租、出借、转让营业执照的；（2）未将营业执照置于住所或者营业场所醒目位置的。

五、其他违法行为

具体包括：（1）承担资产评估、验资或者验证的机构提供虚假材料的；（2）承担资产评估、验资或者验证的机构因过失提供有重大遗漏的报告的；（3）公司登记机关徇私舞弊的；（4）利用公司名义从事危害国家安全、社会公共利益的严重违法行为的。

登记主管机关可以根据情况分别给予警告、罚款、没收非法所得、停业整顿、扣缴、吊销企业法人营业执照的处罚：（1）登记中隐瞒真实情况、弄虚作假或者未经核准登记注册擅自开业的；（2）擅自改变主要登记事项或者超出核准登记的经营范围从事经营活动的；（3）不按照规定办理注销登记的；（4）伪造、涂改、出租、出借、转让或者出卖企业法人营业执照、企业法人营业执照副本的；（5）抽逃、转移资金，隐匿财产逃避债务的；（6）从事非法经营活动的。

对企业法人按照上述规定进行处罚时，应当根据违法行为的情节，追究法定代表人的行政责任、经济责任；触犯刑律的，由司法机关依法追究刑事责任。

 以案释法 13

纯净水厂无照经营被处罚

纯净水能延缓衰老，你听说过吗？

不久前，某市市场监督管理局某基层所接到群众举报，称位于该市某街道的某纯净水厂生产的纯净水标榜能延缓衰老。随后，执法人员赶到该纯净水厂，发现该纯净水厂仓库里堆放着一批刚生产包装好，等待销售的桶装纯净水。桶上的标签明确标注"弱碱性饮用水（入口甘甜）有效改善碱性体质，延缓衰老"字样。监管人员要求该纯净水厂出示经营许可证，提供'弱碱性饮用水（入口甘甜）有效改善碱性体质，延缓衰老'的相关证明材料，厂家无法提供。

执法人员询问相关缘由，该纯净水厂负责人李某说，他看见小区饮用水需求量大，于是他就想开办一家纯净水厂，到工商局申请营业执照，因为材料不齐全，要求补充，他嫌麻烦，就想过段时间再说。于是，他在没有办理工商登记的情况下，于2010年9月3日在该市某街道开办了这家纯净水厂。为了更好地营销，特意在纯净水瓶子上印制了标有"弱碱性饮用水（入口甘甜）有效改善碱性体质，延缓衰老"字样的标签，第一批生产1500桶。随后，将这批纯净水以每桶2.5元的批发价销往当地及慈溪一带的农村小店。

 释解

2003年1月6日国务院发布《无照经营查处取缔办法》，并于2011年1月8根据《国务院关于废止和修改部分行政法规的决定》进行了修订。

无照经营是指未按照法律和法规规定取得许可审批部门颁发的许可证以及未向工商行政管理部门申请工商登记，领取营业执照，擅自从事经营活动的行为。该纯净水生产者，在未办理核准登记的情况下，擅自生产纯净水并虚假宣传销售，是违法的行为。根据《无照经营查处取缔办法》第四条第一款第一项"应当取得而未依法取得许可证或者其他批准文件和营业执照，擅自从事经营活动的无照经营行为，由工商行政管理部门依照本办法的规定予以查处"的规定，工商行政部门对该纯净水厂作出了无照经营依法取缔并处以罚款的行政处罚。

第六章

市场竞争秩序监管

导 读

　　市场竞争是市场经济的基本特征。在市场经济条件下，市场主体为争取利益最大化，通过竞争，在实现企业优胜劣汰，对生产要素优化配置的同时，也势必会产生许多利益纠葛和冲突。为防止市场竞争失序，为防范市场竞争主体利用欺诈、串谋和垄断等不正当竞争方式，侵害消费者权益、破坏企业创新，扰乱市场秩序，影响市场经济的健康发展，国家相应地出台了一系列法律规范，主要有反不正当竞争法和反垄断法以及相配套的法规规章。工商行政管理部门作为政府部门的市场监管主体，在市场竞争行为监管方面责任重大、任务艰巨。

第一节　反不正当竞争

一、反不正当竞争法概述

（一）反不正当竞争法律体系

　　反不正当竞争法是调整市场竞争过程中因不正当竞争行为而产生的社会关系法律规范的总称。

　　1993年9月2日，八届全国人大常委会三次会议通过了反不正当竞争法，并于1993年12月1日起施行。该法共分五章三十三条，主要内容包括：不正当竞争的概念；不正当竞争行为的法律界限；不正当竞争行为的监督检查；违法者应承担的法律责任。其后，又相继发布了《国务院关于经营者集中申报标准的规定》和《国务院关于禁止在市场经济活动中实行地区封锁的规定》等行政法规。此外，在其他法规中，也有涉及竞争规范的内容，如商标法、专利法、著作权法、价格法、招标投标法等。2007年最高人民法院根据审判实践出台了《最高人民法院关于审理不正当竞争民事案件应用法律若干问题的解释》，更加规范化审理不正当竞争民事案件，依法保护经营者和消费者的合法权益，维护市场竞争秩序。

（二）反不正当竞争法

1.立法目的

反不正当竞争法第一条明确规定："为保障社会主义市场经济健康发展，鼓励和保护公平竞争，制止不正当竞争行为，保护经营者和消费者的合法权益，制定本法。"我国反不正当竞争法的立法目的可以分为三个层次：（1）制止不正当竞争行为；（2）保护经营者和消费者的合法权益；（3）鼓励和保护公平竞争，保障社会主义市场经济的健康发展。

2.不正当竞争行为的法律特征

（1）竞争主体在主观上具有恶意性；（2）竞争手段具有违法性；（3）竞争的结果是侵犯竞争对手和消费者的合法利益，扰乱社会经济秩序。

3.反不正当竞争法的作用

（1）明确竞争主体的行为规范，保证竞争有序化进行；（2）确立竞争的原则和制度，保证公平的竞争条件和竞争环境；（3）制止和惩罚不正当竞争行为，保护广大经营者和消费者的合法利益。

4.经营者与消费者的权益

反不正当竞争是为了维护市场经济秩序，最终保护的是经营者和消费者的利益。

（1）经营者及其权益

经营者是市场中的竞争者，是指从事商品经营或者营利性服务的法人、其他经济组织和个人。法律保护经营者的合法权益。企业法人是市场竞争中最为常见的经营主体，企业享有生产经营决策权、产品劳务定价权、物资采购权、销售权、联营兼并权、经营方式选择权、拒绝摊派权等14项自主经营权，这些权利不容许被不正当竞争行为侵犯。

（2）消费者及其权益

企业经营行为的目的，都是为了向消费者提供商品和服务，以获取经济利益。消费者是企业的衣食父母，也是消费活动中的弱势群体，消费者享有法律赋予的安全权；知情权；自主选择商品和服务的权利；公平交易权；依法获得赔偿权；获得消费和消费者权益保护方面知识的权利；人格尊严、民族风俗习惯受到尊重的权利；对商品和服务的监督权利；依法成立维护自身合法权益的社会团体的权利等多方面的权利。

二、不正当竞争行为

不正当竞争行为，是指经营者违反反不正当竞争法的规定，损害其他经营者的合法权益，扰乱社会经济秩序的行为。反不正当竞争法第二章列举规定了11种不正当竞争行为，具体概括为五类。

（一）虚假行为

1.虚假标识行为

虚假标识行为是指经营者在市场经营活动中，以种种不实手法对自己的商品或服务作虚假表示、说明或承诺，或不当利用他人的智力劳动成果推销自己的商品或服务，使用户或者消费者产生误解，扰乱市场秩序、损害同业竞争者的利益或者消费者利益的行为。

反不正当竞争法第五条规定，经营者不得采用下列不正当手段从事市场交易，损害竞争对手：（1）假冒他人的注册商标；（2）擅自使用知名商品特有的名称、包装、装潢，或者使用与知名商品近似的名称、包装、装潢，造成和他人的知名商品相混淆，使购买者误认为是该知名商品；（3）擅自使用他人的企业名称或者姓名，引人误认为是他人的商品；（4）在商品上伪造或者冒用认证标志、名优标志等质量标志，伪造产地，对商品质量作引人误解的虚假表示。

2.虚假宣传行为

虚假宣传行为是指经营者利用广告和其他方法，对产品的质量、性能、成分、用途、产地等所作的引人误解的不实宣传。以广告或其他方式销售商品，是现代社会最常见促销手段。反不正当竞争法第九条规定：经营者不得利用广告或者其他方法，对商品的质量、制作成分、性能、用途、生产者、有效期限、产地等作引人误解的虚假宣传。广告的经营者不得在明知或者应知的情况下，代理、设计、制作、发布虚假广告。

（二）限制竞争行为

限制竞争行为是指公用企业或者其他依法具有独占地位的经营者限定他人购买其指定的经营者的商品，政府及其所属部门滥用行政权力，限制竞争，以排挤其他经营的公平竞争。

反不正当竞争法第六条规定，公用企业或者其他依法具有独占地位的经营者，不得限定他人购买其指定的经营者的商品，以排挤其他经营者的公平竞争。

反不正当竞争法第七条规定，政府及其所属部门不得滥用行政权力，限定他人购买其指定的经营者的商品，限制其他经营者正当的经营活动。政府及其所属部门不得滥用行政权力，限制外地商品进入本地市场，或者本地商品流向外地市场。

限制竞争行为具体包括：

1.滥用优势地位行为

（1）限定用户、消费者只能购买和使用其附带提供的相关商品，而不得购买和使用其他经营者提供的符合技术标准要求的同类商品；（2）限定用户、消费者只能购买和使用其指定的经营者生产或经销的商品，而不得购买和使用其他经营者提供的符合技术标准要求的同类商品；（3）强制用户、消费者购买其提供的不必要商品及配件；（4）强制用户、消费者购买其指定的经营者提供的不必要商品；（5）以检验商品质量、性能为借口，阻碍用户消费者购买使用其他经营者提供的符合技术标准要求的其他商品；（6）对不接受其不合理条件的用户、消费者拒绝、中断或者削减供应相关商品，或者滥收费用。

2.滥用行政权力行为

（1）限制购买或者限制经营；（2）地方封锁。

（三）不当交易行为

1.商业贿赂行为

商业贿赂行为是指经营者为争取交易机会，暗中给予交易对方有关人员或者其他能影响交易的相关人员以财物或其他好处的行为。

反不正当竞争法第八条规定，经营者不得采用财物或者其他手段进行贿赂以销售或者购买商品。在账外暗中给予对方单位或者个人回扣的，以行贿论处；对方单位或者个人在账外暗中收受回扣的，以受贿论处。经营者销售或者购买商品，可以以明示方式给对方折扣，可以给中间人佣金。经营者给对方折扣、给中间人佣金的，必须如实入账。接受折扣、佣金的经营者必须如实入账。

2.低价倾销行为

低价倾销行为是指经营者以排挤竞争对手为目的，以低于成本的价格销售商品，在现实中存在如欺骗性价格、歧视性价格、协议控制价格等倾销行为。

以低于成本的价格倾销商品的行为有：（1）生产企业销售商品的出厂价格低于其生产成本的，或经销企业的销售价格低于其进货成本的；（2）采用高规格、高等级充抵低规格、低等级等手段，变相降低价格；（3）采取折扣、补贴等价格优惠手段；（4）进行非对等物资串换；（5）以物抵债；（6）采取多发货少开票或不开票方法，使生产企业实际出厂价格低于其生产成本，或企业实际销售价格低于其进货成本的；（7）通过多给数量、批量优惠等方式，变相降低价格；（8）采用压低标价等方式；（9）其他方式。

不是以排挤竞争对手为目的，而是以尽快回笼资金或者由于商品本身特点决定的低于成本价销售的行为不视为不正当竞争行为。销售鲜活商品；处理有效期即将到期的商品或者其他积压的商品；季节性降价；因清偿债务、转产、歇业降价销售商品等，不属于不正当竞争行为。

3.强行搭售行为

强行搭售行为是指经营者利用自己的经济优势或经营上的优势，在销售商品或提供服务时，违背购买者的意愿，搭售其他商品或附加其他不合理交易条件的行为。

反不正当竞争法第十二条规定：经营者销售商品，不得违背购买者的意愿搭售商品或者附加其他不合理的条件。

搭售可分为公开搭售和隐蔽搭售两种形式。

4.不正当有奖销售行为

不正当有奖销售行为是指经营者在销售商品或提供服务时，以提供奖励（包括金钱、实物、附加服务等）为名，实际上采取欺骗或者其他不当手段损害用户、消费者的利益，或者损害其他经营者合法权益的行为。

反不正当竞争法第十三条规定，经营者不得从事下列有奖销售：(1) 采用谎称有奖或者故意让内定人员中奖的欺骗方式进行有奖销售；(2) 利用有奖销售的手段推销质次价高的商品；(3) 抽奖式的有奖销售，最高奖的金额超过五千元。

不正当有奖销售行为概括起来包括三类，即欺骗性有奖销售、借机推销质次价高商品的有奖销售、最高奖金额超过5000元的抽奖式有奖销售。

（四）商业侵权行为

1.侵犯商业秘密

商业秘密是指不为公众所知悉，能为权利人带来经济利益，具有实用性并经权利人采取保密措施的技术信息和经营信息。

反不正当竞争法第十条规定，经营者不得采用下列手段侵犯商业秘密：(1) 以盗窃、利诱、胁迫或者其他不正当手段获取权利人的商业秘密；(2) 披露、使用或者允许他人使用以前项手段获取权利人的商业秘密；(3) 违反约定或者违反权利人有关保守商业秘密的要求，披露、使用或者允许他人使用其所掌握的商业秘密。第三人明知或者应知前款所列违法行为，获取、使用或者披露他人的商业秘密，视为侵犯商业秘密。

2.诋毁商誉行为

诋毁商誉行为是指经营者捏造、散布虚假事实，损害竞争对手的商业信誉、商品声誉，从而削弱其竞争力的行为。

反不正当竞争法第十四条规定，经营者不得捏造、散布虚伪事实，损害竞争对手的商业信誉、商品声誉。

（五）串通招标投标行为

串通招标投标行为是指招标者与投标者之间或者投标者与投标者之间采用不正当手段，对招标投标事项进行串通，以排挤竞争对手或者损害招标者利益的行为。

反不正当竞争法第十五条规定，投标者不得串通投标，抬高标价或者压低标价。投标者和招标者不得相互勾结，以排挤竞争对手的公平竞争。

三、对不正当竞争行为的监督检查

（一）专门机关监督

我国反不正当竞争法在总则中确定，县级以上工商行政管理部门是不正当竞争行为的监督检查部门。法律、行政法规规定由其他部门监督检查的，依照其规定。所谓其他部门，主要指与市场管理有关的其他行政职能部门，如质量技术监督部门、物价部门、卫生行政管理部门等。

根据反不正当竞争法第十七条的规定，监督检查部门的职权有以下四项：

1. 调查询问权

按照规定程序询问被检查的经营者、利害关系人、证明人，并要求提供证明材料或者与不正当竞争行为有关的其他资料。

2. 查询、复制权

查询、复制与不正当竞争行为有关的协议、账册、单据、文件、记录、业务函电和其他资料。

3. 检查处置权

检查与不正当竞争行为有关的财物。

4. 处罚权

必要时可责令被检查的经营者说明该商品的来源和数量，暂停销售，听候检查，不得转移、隐匿、销毁该财物。

监督检查部门在行使上述职权时，被检查的经营者、利害关系人和证明人应当如实提供有关资料或者情况，这是反不正当竞争法规定的经营者必须履行的义务。同时，监督检查部门的工作人员在行使职权时，应出示检查证件，否则当事人可拒绝接受检查。

（二）社会监督

国家鼓励、支持和保护一切组织和个人对不正当竞争行为进行社会监督。进行社会监督的主体是经营者、消费者、新闻媒体及行业协会等社会团体，其监督权的行使可以采取建议、公开批评、举报、舆论监督等方式实施。

四、不正当竞争行为的法律责任

（一）经营者的法律责任

1. 民事责任

经营者违反反不正当竞争法的规定，给被侵害的经营者造成损害的，应当承担损害赔偿责任。赔偿的数额就是给他人造成损失的数额，若被侵害的经营者的损失难以计算，则赔偿额为侵权人在侵权期间因侵权所获得的利润。此外，侵权人还应当承担被侵害的经营者因调查该经营者侵害其合法权益的不正当竞争行为所支付的合理费用。

2. 行政及刑事责任

反不正当竞争法对经营者实施不同种类的不正当竞争行为所应承担的行政及刑事责任作了不同的规定，表现在以下几方面：

（1）欺骗性交易的法律责任。经营者假冒他人的注册商标，擅自使用他人的企业名称或者姓名，伪造或者冒用认证标志、名优标志等质量标志，伪造产地，对商品质量作引人误解的虚假表示的，依照商标法、产品质量法的规定处罚。

经营者擅自使用知名商品特有的名称、包装、装潢，或者使用与知名商品近似的名称、包装、装潢，造成和他人的知名商品相混淆，使购买者误认为是该知名商品的，监督检查部门应当责令停止违法行为，没收违法所得，可以根据情节处以违法所得1倍以上3倍以下的罚款；情节严重的，可以吊销营业执照；销售伪劣商品，构成犯罪的，依法追究刑事责任。

（2）商业贿赂的法律责任。经营者采用财物或者其他手段进行贿赂以销售或者购买商品，构成犯罪的，依法追究刑事责任；不构成犯罪的，监督检查部门可以根据情节处以1万元以上20万元以下的罚款，有违法所得的，予以没收。

（3）强制性交易的法律责任。公用企业或者其他依法具有独占地位的经营者，限定他人购买其指定的经营者的商品，以排挤其他经营者的公平竞争的，省级或者设区的市的监督检查部门应当责令停止违法行为，可以根据情节处以5万元以上20万元以下的罚款。被指定的经营者借此销售质次价高商品或者滥收费用的，监督检查部门应当没收违法所得，可以根据情节处以违法所得1倍以上3倍以下的罚款。

（4）虚假宣传的法律责任。经营者利用广告或者其他方法，对商品作引人误解的虚假宣传的，监督检查部门应当责令停止违法行为，消除影响，可以根据情节处以1万元以上20万元以下的罚款。

广告的经营者，在明知或者应知的情况下，代理、设计、制作、发布虚假广告的，监督检查部门应当责令停止违法行为，没收违法所得，并依法处以罚款。

（5）侵犯商业秘密的法律责任。违反反不正当竞争法的规定侵犯他人商业秘密的，监督检查部门应当责令停止违法行为，可以根据情节处以1万元以上20万元以下的罚款。

（6）不正当有奖销售的法律责任。经营者违反反不正当竞争法的规定进行有奖销售的，监督检查部门应当责令停止违法行为，可以根据情节处以1万元以上10万元以下的罚款。

（7）串通招标投标的法律责任。投标者串通投标，抬高标价或者压低标价；投标者和招标者相互勾结，以排挤竞争对手的公平竞争的，其中标无效。监督检查部门可以根据情节处以1万元以上20万元以下的罚款。

（8）抗拒检查的法律责任。监督检查部门有权对不正当竞争行为行使检查权，经营者应当接受其检查。经营者有违反被责令暂停销售、不得转移、隐匿、销毁与不正当竞争行为有关的财物的行为的，监督检查部门可以根据情节处以被销售、转移、隐匿、销毁财物的价款的1倍以上3倍以下的罚款。

当事人对监督检查部门作出的处罚决定不服的，可以自收到处罚决定之日起15日内向上一级主管机关申请复议；对复议决定不服的，可以自收到复议决定书之日起15日内向人民法院提起诉讼；也可以直接向人民法院提起诉讼。

（二）政府及其所属部门的法律责任

政府及其所属部门违反规定，限定他人购买其指定的经营者的商品、限制其他经营者正当的经营活动，或者限制商品在地区之间正常流通的，由上级机关责令其改正；情节严重的，由同级或者上级机关对直接责任人员给予行政处分。被指定的经营者借此销售质次价高商品或者滥收费用的，监督检查部门应当没收违法所得，可以根据情节处以违法所得1倍以上3倍以下的罚款。

各级工商行政管理部门是反不正当竞争法规定的监督检查部门，具有行政执法职能。因此，反不正当竞争法几乎对每一种不正当竞争行为都规定了制裁措施。这些行政制裁措施归纳起来是：（1）责令停止违法行为，消除影响；（2）没收违法所得；（3）罚款；（4）吊销营业执照；（5）责令改正；（6）给予行政处分。

 以案释法 14

律师之间的竞争是否适用反不正当竞争法

原告贾某是北京A律师事务所律师，被告是北京B律师事务所及该所律师甄某。

贾某起诉称：2003年9月北京市司法局、北京律师协会联合编辑出版《北京律师事务所黄页》，其中有关于B律师事务所的简介中载明，该所是1996年经北京市司法局批准成立的大型综合性律师事务所，曾获最高人民法院某领导的题词；并且B律师事务所网站在其律所简介中也刊载了该内容，并附有该领导的亲笔题词。律师甄某代理一宗民事案件，在民事诉讼过程中对原告进行恶意诋毁，称原告不是北京注册律师，其所在律师事务所没有注册登记；称如果原告的代理人聘请这样的律师，官司必败，如果由甄某代理，胜诉有绝对把握。另外，B律师事务所、甄某与某画报记者王某串通，编造假新闻，该新闻先后在各大网站以及全国各大报纸刊载，造成恶劣社会影响。原告认为被告B律师事务所和其律师的上述行为已经构成不正当竞争。请求法院认定被告B律师事务所和律师甄某的行为构成不正当竞争，判令B律师事务所立即停止侵害，在《北京律师》《中国律师》上登载消息致歉，让甄某向原告赔礼道歉、承担原告因本案所支付的费用1800元并承担本案的诉讼费用。

被告B律师事务所答辩称：该所和在该所执业的律师以及原告均不是反不正当竞争法调整的主体，因此原告的起诉于法无据；律师及律师事务所之间的不正当竞争不能适用反不正当竞争法；原告指控两被告从事不正当竞争行为缺乏事实和法律依据。请求法院驳回原告的起诉。

根据我国反不正当竞争法的有关规定，不正当竞争是指经营者违反反不正当竞争法的规定，损害其他经营者的合法权益，扰乱社会经济秩序的行为。其中经营者是指从事商品经营或营利性服务的法人、其他经济组织和个人。我国律师法规定，律师事务所是律师的执业机构，律师的执业活动必须接受律师事务所的监督和管理；律师事务所按照章程组织律师开展业务工作，律师承办业务，均由律师事务所统一接受委托，与委托人签订书面委托合同；律师不得私自接受委托。虽然律师在市场中实际从事法律服务，但是其并不能以自己的名义、作为独立的市场主体提供上述服务。因此，根据本案已经查明的事实，原告贾某不属于我国反不正当竞争法所规定的经营者，其不具有提起本案诉讼的主体资格。同理，被告甄某也不应成为本案被告，法庭最终驳回原告的起诉。

以案释法 15

运管所代收保险获取手续费涉嫌商业贿赂

2014年，江苏省某县的运输管理所与当地两家保险公司达成协议，代为征收"货物运输保险费"，并经中国人民银行当地分行批准，设立某县运输管理所保险代理处。同年，该运输管理所分别在其收费电脑中设置两家保险公司保单程序，利用运输征管权力，在征收养路费、公路建设基金等规费时，合并开具一张缴费单，强制车主缴纳本应由车主自愿参加保险的货物运输保险费。至2015年6月，该运输管理所采用上述手段指定该县所属的货车车主向两家保险公司缴纳货物运输保险费约80万元。一年中，两家保险公司给付该运输管理所超过财政部规定最高支付标准的代理手续费、奖励费共计将近33万元，该运输管理所的上述所得均未按财务会计制度规定明确如实记入法定账目。

该市市工商局经调查取证后认为，该运输管理所凭借行政管理职权，强制缴费人员办理保险，并超规定标准收取两家保险公司手续费、奖励费的行为构成反不正当竞争法第八条所规定的商业贿赂行为。2015年7月，工商局根据反不正当竞争法第二十二条规定，作出没收其非法所得的行政处罚决定。该运输管理所不服该行政处罚决定，于2015年9月向该市所属区人民法院提起行政诉讼。

释解

本案的焦点是，该管理所是否构成商业贿赂？这里存在两个关键问题：其一，关于经营者的界定；其二，该运输管理所收取的手续费是否属商业贿赂行为。

关于经营者界定的问题，反不正当竞争法第二条第三款规定："本法所称的经营者，是指从事商品经营或者营利性服务（以下所称商品包括服务）的法人、其他经济组织和个人。"本案中，该运输管理所虽然是法定授权履行交通运输管理职能的事业单位，但当其为两家保险公司代理保险业务时，其从事的已不再是依据法律、法规授权的依法征收运输管理费等行政活动，而是以保险代理人身份实施了以营利为目的、赚取佣金（保险代理手续费）的民事行为，与其履行行政职能的征收规费行政行为属于两种不同性质的行为。所以本案中的运输管理所从事的保险代理业务，属于反不正当竞争法所调整的"经营者"范围。

关于该运输管理所收取的手续费是否属商业贿赂行为的问题，反不正当竞争法第八条规定："经营者不得采用财物或者其他手段进行贿赂以销售或者购买商品。在账外暗中给予对方单位或者个人回扣的，以行贿论处；对方单位或者个人在账外暗中收受回扣的，以受贿论处。"也就是说，经营者销售或者购买商品，可以以明示方式给对方折扣，可以给中间人佣金。经营者给对方折扣、给中间人佣金的，必须如实入账。接受折扣、佣金的经营者必须如实入账。

根据保险法第一百二十七条规定，该运输管理所从事保险代理业务，并没有向工商行政管理机关办理登记手续，其不具有合法的经营资格，不能从事保险代理业务，更不能收取佣金。两家保险公司为了销售其商品（即货物运输险），以佣金（代理手续费）的名义给予无合法经营资格、不能收取佣金的该运输管理所以财物，符合商业贿赂的特征。故本案中该运输管理所收取保险代理手续费的行为系商业贿赂行为。

第二节　反垄断

一、反垄断法概述

（一）垄断

1.垄断的危害

垄断是与竞争相对立的一个范畴，是指排除或者限制竞争，损害消费者利益或者危害社会公共利益的行为。法律意义上的垄断具有危害性和违法性两个显著特征。危害性是指对市场的经济运行过程进行排他性控制，或对市场竞争进行实质性限制；违法性是指该行为受到法律明确禁止。有些垄断行为虽然具有一定的危害性，但被法律允许，属于垄断豁免的范围。

2.垄断的分类

（1）按照垄断的程度不同，可以分为独占垄断、寡头垄断、垄断竞争三种状态。

（2）按照法律的价值判断，可以分为合法垄断和非法垄断。反垄断法所规制的是非法垄断，合法垄断主要包括自然垄断行业，诸如水、电、气供应；政府赋予经营特权的行业，诸如烟草专卖；还包括法律赋予的专利权，如软件的知识产权等。

（3）按照垄断主体是经营者还是政府机关，可以分为经济垄断和行政垄断。经济垄断是指市场主体通过自身的力量，设置市场进入障碍而形成的垄断。它是反垄断法的主要规制对象。行政垄断主要指由政府机关设置的市场进入障碍而形成的垄断。行政垄断的现象在我国比较突出。

（二）反垄断法

1.反垄断法律体系

反垄断法，是反对垄断和保护竞争的法律制度。它是市场经济国家基本的法律制度。我国的反垄断法由十届全国人大常委会二十九次会议于2007年8月30日通过。2008年8月1日反垄断法开始正式实施，国务院当天也成立了反垄断委员会。这一法律将为保护消费者和市场秩序提供重要的法律武器。随后，2010年12月31日，国家工商总局公布了《工商行政管理机关禁止垄断协议行为的规定》《工商行政管理机关禁止滥用市场支配地位行为的规定》《工商行政管理机关制止滥用行政权力排除、限制竞争行为的规定》等三个配套实体规章。为了更好地惩处垄断行为，2012年5月8日，最高人民法院出台《关于审理因垄断行为引发的民事纠纷案件应用法律若干问题的规定》，该规定自2012年6月1日起实行。

2.反垄断法的立法目的

反垄断法禁止垄断，意在保持一个有序的市场竞争。竞争是市场经济的基础，是经济效率、创新和经济增长的根本条件。只有依法保护好竞争环境，市场经济才能真正健康、深入发展。而垄断会导致市场失灵，会损害包括普通消费者在内的所有市场经济参与主体的利益。因此，我国的反垄断法的立法目的很明确。反垄断法第一条规定："为了预防和制止垄断行为，保护市场公平竞争，提高经济运行效率，维护消费者利益和社会公共利益，促进社会主义市场经济健康发展，制定本法。"

3.反垄断法适用范围

中国境内经济活动中的垄断行为，适用反垄断法；中国境外的垄断行为，对境内市场竞争产生排除、限制影响的，也适用反垄断法。反垄断法的适用的例外情形：经营者依照有关知识产权的法律、行政法规规定行使知识产权的行为，不适用反垄断法，但是，经营者滥用知识产权，排除、限制竞争的行为，适用反垄断法；农业生产者及农村经济组织在农产品生产、加工、销售、运输、储存等经营活动中实施的联合或者协同行为，不适用反垄断法。

二、垄断行为

我国反垄断法第三条在借鉴各国立法经验的基础上作出了明确规定，垄断行为包括：经营者达成垄断协议；经营者滥用市场支配地位；具有或者可能具有排除、限制竞争效果的经营者集中。

（一）垄断协议

垄断协议是指经营者达成或者采取的旨在排除、限制竞争的协议、决定或者其他协同行为。经营者达成垄断协议是经济生活中一种最典型的垄断行为，往往造成固定价格、划分市场以及阻碍、限制其他经营者进入市场等排除、限制竞争的后果，对市场竞争危害很大，为各国反垄断法所禁止。

1.垄断协议的特征

垄断协议具有以下特征：（1）垄断协议的实施主体是两个以上的独立经营者；（2）垄断协议的表现形式除书面或口头协议、决议外，还包括协同一致的行为；（3）垄断协议具有限制竞争的目的或产生限制竞争的效果。

2.法律禁止垄断协议

这种垄断协议，包括横向垄断协议和纵向垄断协议。

所谓横向协议，是指在生产或者销售过程中处于同一阶段的经营者之间（如生产商之间、批发商之间、零售商之间）达成的协议；反垄断法第十三条规定，禁止具有竞争关系的经营者达成下列垄断协议：（1）固定或者变更商品价格；（2）限制商品的生产数量或者销售数量；（3）分割销售市场或者原材料采购市场；（4）限制购买新技术、新设备或者限制开发新技术、新产品；（5）联合抵制交易；（6）国务院反垄断执法机构认定的其他垄断协议。

所谓纵向垄断协议，是指在生产或销售过程中处于不同阶段的经营者之间（如生产商和批发商之间、批发商与零售商之间）达成的协议。反垄断法第十四条，法律禁止经营者与交易相对人达成下列垄断协议：（1）固定向第三人转售商品的价格；（2）限定向第三人转售商品的最低价格；（3）国务院反垄断执法机构认定的其他垄断协议。

3.垄断协议的豁免

垄断协议的豁免是指经营者之间的协议、决议或者其他协同行为，虽然有排除、限制竞争的影响，但该类协议在其他方面所带来的好处要大于其对竞争的不利影响，因此法律规定对其豁免，即排除适用反垄断法的规定。根据反垄断法第十五条规定，经营者能够证明所达成的协议属于下列情形之一的，不属于法律禁止的垄断协议：（1）为改进技术、研究开发新产品的；（2）为提高产品质量、降低成本、增进效率，统一产品规格、标准或者实行专业化分工的；（3）为提高中小经营者经营效率，增强中小经营者竞争力的；（4）为实现节约能源、保护环境、救灾救助等社会公共利益的；（5）因经济不景气，为缓解销售量严重下降或者生产明显过剩的；（6）为保障对外贸易和对外经济合作中的正当利益的；（7）法律和国务院规定的其他情形。

4. 法律责任

经营者违反反垄断法规定，达成并实施垄断协议的，由反垄断执法机构责令停止违法行为，没收违法所得，并处上一年度销售额百分之一以上百分之十以下的罚款；尚未实施所达成的垄断协议的，可以处五十万元以下的罚款。

经营者主动向反垄断执法机构报告达成垄断协议的有关情况并提供重要证据的，反垄断执法机构可以酌情减轻或者免除对该经营者的处罚。

行业协会违反反垄断法规定，组织本行业的经营者达成垄断协议的，反垄断执法机构可以处五十万元以下的罚款；情节严重的，社会团体登记管理机关可以依法撤销登记。

（二）滥用市场支配地位

滥用市场支配地位是指支配企业为维持或者增强其市场支配地位而实施的反竞争的行为。

1. 滥用市场支配地位的法定情形

反垄断法第十七条规定，禁止具有市场支配地位的经营者从事下列滥用市场支配地位的行为：（1）以不公平的高价销售商品或者以不公平的低价购买商品；（2）没有正当理由，以低于成本的价格销售商品；（3）没有正当理由，拒绝与交易相对人进行交易；（4）没有正当理由，限定交易相对人只能与其进行交易或者只能与其指定的经营者进行交易；（5）没有正当理由搭售商品，或者在交易时附加其他不合理的交易条件；（6）没有正当理由，对条件相同的交易相对人在交易价格等交易条件上实行差别待遇；（7）国务院反垄断执法机构认定的其他滥用市场支配地位的行为。

2. 认定具有市场支配地位应当考虑的因素

依据反垄断法第十八条，认定经营者具有市场支配地位，应当依据下列因素：（1）该经营者在相关市场的市场份额，以及相关市场的竞争状况；（2）该经营者控制销售市场或者原材料采购市场的能力；（3）该经营者的财力和技术条件；（4）其他经营者对该经营者在交易上的依赖程度；（5）其他经营者进入相关市场的难易程度；（6）与认定该经营者市场支配地位有关的其他因素。

3. 市场支配地位的推定

根据反垄断法第十九条，有下列情形之一的，可以推定经营者具有市场支配地位：（1）一个经营者在相关市场的市场份额达到二分之一的；（2）两个经营者在相关市场的市场份额合计达到三分之二的；（3）三个经营者在相关市场的市场份额合计达到四分之三的。有前款第二项、第三项规定的情形，其中有的经营者市场份额不足十分之一的，不应当推定该经营者具有市场支配地位。被推定具有市场支配地位的经营者，有证据证明不具有市场支配地位的，不应当认定其具有市场支配地位。

4.法律责任

经营者违反反垄断法规定，滥用市场支配地位的，由反垄断执法机构责令停止违法行为，没收违法所得，并处上一年度销售额百分之一以上百分之十以下的罚款。

（三）经营者集中

1.经营者集中的法定情形

所谓经营者集中，是指经营者之间合并，或者取得其他经营者的控制权、影响力。如果经营者结合后对竞争的秩序产生效果，如经济力量的过度集中，损害竞争的垄断结构出现，就应受到反垄断法的调整。经营者集中的后果是双重的。一方面，有利于发挥规模经济的作用，提高经营者的竞争能力。另一方面，过度集中又会产生或加强市场支配地位，限制竞争，损害效率。

根据反垄断法第二十条规定，经营者集中则是指以下三种情形：经营者合并；经营者通过取得股权或者资产的方式取得对其他经营者的控制权；经营者通过合同等方式取得对其他经营者的控制权或者能够对其他经营者施加决定性影响。

2.申报制度

经营者集中达到国务院规定的申报标准的，经营者应当事先向国务院反垄断执法机构申报，未申报的不得实施集中。

反垄断法第二十二条规定，经营者集中有下列情形之一的，可以不向国务院反垄断执法机构申报：

（1）参与集中的一个经营者拥有其他每个经营者百分之五十以上有表决权的股份或者资产的；

（2）参与集中的每个经营者百分之五十以上有表决权的股份或者资产被同一个未参与集中的经营者拥有的。

国务院反垄断执法机构应当自收到经营者提交的文件、资料之日起三十日内，对申报的经营者集中进行初步审查，作出是否实施进一步审查的决定，并书面通知经营者。国务院反垄断执法机构作出决定前，经营者不得实施集中。

国务院反垄断执法机构作出不实施进一步审查的决定或者逾期未作出决定的，经营者可以实施集中。

国务院反垄断执法机构决定实施进一步审查的，应当自决定之日起九十日内审查完毕，作出是否禁止经营者集中的决定，并书面通知经营者。作出禁止经营者集中的决定，应当说明理由。审查期间，经营者不得实施集中。

有下列情形之一的，国务院反垄断执法机构经书面通知经营者，可以延长前款规定的审查期限，但最长不得超过六十日：（1）经营者同意延长审查期限的；（2）经营者提交的文件、资料不准确，需要进一步核实的；（3）经营者申报后有关情况发生重大变化的。

国务院反垄断执法机构逾期未作出决定的，经营者可以实施集中。

经营者集中具有或者可能具有排除、限制竞争效果的，国务院反垄断执法机构应当作出禁止经营者集中的决定。但是，经营者能够证明该集中对竞争产生的有利影响明显大于不利影响，或者符合社会公共利益的，国务院反垄断执法机构可以作出对经营者集中不予禁止的决定。

国务院反垄断执法机构应当将禁止经营者集中的决定或者对经营者集中附加限制性条件的决定，及时向社会公布。

对外资并购境内企业或者以其他方式参与经营者集中，涉及国家安全的，除依照反垄断法规定进行经营者集中审查外，还应当按照国家有关规定进行国家安全审查。

3. 法律责任

经营者违反反垄断法规定实施集中的，由国务院反垄断执法机构责令停止实施集中、限期处分股份或者资产、限期转让营业以及采取其他必要措施恢复到集中前的状态，可以处五十万元以下的罚款。

（四）滥用行政权力排除、限制竞争

1. 禁止指定交易

行政机关和法律、法规授权的具有管理公共事务职能的组织不得滥用行政权力，限定或者变相限定单位或者个人经营、购买、使用其指定的经营者提供的商品。

2. 禁止妨碍商品在地区之间自由流通

行政机关和法律、法规授权的具有管理公共事务职能的组织不得滥用行政权力，实施下列行为，妨碍商品在地区之间的自由流通：（1）对外地商品设定歧视性收费项目、实行歧视性收费标准，或者规定歧视性价格；（2）对外地商品规定与本地同类商品不同的技术要求、检验标准，或者对外地商品采取重复检验、重复认证等歧视性技术措施，限制外地商品进入本地市场；（3）采取专门针对外地商品的行政许可，限制外地商品进入本地市场；（4）设置关卡或者采取其他手段，阻碍外地商品进入或者本地商品运出；（5）妨碍商品在地区之间自由流通的其他行为。

3. 禁止招标投标活动中的地方保护

行政机关和法律、法规授权的具有管理公共事务职能的组织不得滥用行政权力，以设定歧视性资质要求、评审标准或者不依法发布信息等方式，排斥或者限制外地经营者参加本地的招标投标活动。

4. 禁止排斥或者限制在本地投资或者设立分支机构

行政机关和法律、法规授权的具有管理公共事务职能的组织不得滥用行政权力，采取与本地经营者不平等待遇等方式，排斥或者限制外地经营者在本地投资或者设立分支机构。

5.禁止强制经营者从事垄断行为

行政机关和法律、法规授权的具有管理公共事务职能的组织不得滥用行政权力，强制经营者从事反垄断法规定的垄断行为。

6.禁止制定含有排除、限制竞争内容的规定

行政机关不得滥用行政权力，制定含有排除、限制竞争内容的规定。

三、对涉嫌垄断行为的调查

反垄断执法机构依法对涉嫌垄断行为进行调查。对涉嫌垄断行为，任何单位和个人有权向反垄断执法机构举报。反垄断执法机构应当为举报人保密。举报采用书面形式并提供相关事实和证据的，反垄断执法机构应当进行必要的调查。

（一）调查措施

反垄断执法机构调查涉嫌垄断行为，可以采取下列措施：（1）进入被调查的经营者的营业场所或者其他有关场所进行检查；（2）询问被调查的经营者、利害关系人或者其他有关单位或者个人，要求其说明有关情况；（3）查阅、复制被调查的经营者、利害关系人或者其他有关单位或者个人的有关单证、协议、会计账簿、业务函电、电子数据等文件、资料；（4）查封、扣押相关证据；（5）查询经营者的银行账户。

采取前款规定的措施，应当向反垄断执法机构主要负责人书面报告，并经批准。

（二）调查程序

反垄断执法机构调查涉嫌垄断行为，执法人员不得少于二人，并应当出示执法证件。

执法人员进行询问和调查，应当制作笔录，并由被询问人或者被调查人签字。

反垄断执法机构及其工作人员对执法过程中知悉的商业秘密负有保密义务。

（三）被调查者的权利义务

1.被调查者负有配合调查义务

被调查的经营者、利害关系人或者其他有关单位或者个人应当配合反垄断执法机构依法履行职责，不得拒绝、阻碍反垄断执法机构的调查。

2.被调查者有陈述意见的权利

被调查的经营者、利害关系人有权陈述意见。反垄断执法机构应当对被调查的经营者、利害关系人提出的事实、理由和证据进行核实。

3.承诺制度

对反垄断执法机构调查的涉嫌垄断行为，被调查的经营者承诺在反垄断执法机构认可的期限内采取具体措施消除该行为后果的，反垄断执法机构可以决定中止调查。中止调查的决定应当载明被调查的经营者承诺的具体内容。

反垄断执法机构决定中止调查的，应当对经营者履行承诺的情况进行监督。经营者履行承诺的，反垄断执法机构可以决定终止调查。

有下列情形之一的，反垄断执法机构应当恢复调查：（1）经营者未履行承诺的；（2）作出中止调查决定所依据的事实发生重大变化的；（3）中止调查的决定是基于经营者提供的不完整或者不真实的信息作出的。

4. 拒绝、阻碍调查行为的法律责任

对反垄断执法机构依法实施的审查和调查，拒绝提供有关材料、信息，或者提供虚假材料、信息，或者隐匿、销毁、转移证据，或者有其他拒绝、阻碍调查行为的，由反垄断执法机构责令改正，对个人可以处二万元以下的罚款，对单位可以处二十万元以下的罚款；情节严重的，对个人处二万元以上十万元以下的罚款，对单位处二十万元以上一百万元以下的罚款；构成犯罪的，依法追究刑事责任。

 **以案释法 16**

工商反垄断调查制止电信"捆绑销售"

2013年6月，经国家工商总局授权某自治区工商局分别对中国铁通某分公司、中国联通某分公司、中国电信某分公司涉嫌滥用市场支配地位搭售商品行为开展反垄断调查。在调查过程中，3家公司对其在固定互联网经营活动中强制搭售固定电话的事实均予以承认，认识到其行为剥夺了消费者选择权，对市场竞争产生了不利影响，承诺进行整改。

3家涉事公司作出三项整改承诺：一是在全公司范围内开展自查自纠工作，坚决制止捆绑销售行为；二是通过报纸等新闻媒体发布用户自主选择商品（服务）的承诺，并通过营业厅、客服中心等渠道加强宣传；三是被强制搭售固定电话用户申请取消固定电话服务的，公司各营业厅必须予以办理。据市场监督管理局有关负责人介绍，事后已经安排各市场监管所重点监管所在辖区的营业网点。已被强制搭售固定电话的用户，如申请取消固定电话服务，3家公司必须予以办理；如拒绝办理，市民可向市场监督管理局投诉。

整改行动开始后，从2014年年底至2015年4月，当地固定电话减少了约4.5万户，目前搭售固定电话的现象已经得到有效改善。三家电信用户办理宽带业务时，均未要求绑定固定电话。至此，2015年5月14日，该自治区工商局下发了垄断案件中止决定书，决定暂停对中国铁通、中国联通、中国电信3家分公司的反垄断调查，同时授权该市市场监督管理局、某开发区工商局、某工商局对该3家公司履行承诺的情况进行监督。

 释解

电信行业有特殊的属性，容易形成垄断。在世界范围内，电信市场都不是一个完全竞争的市场。对于消费者来说，电信行业"捆绑销售"，可谓乱象横生。如何认定垄断行为，如何制止电信行业肆意对消费者的消费利益进行侵犯，这些年，一直都是社会各界关注、广大消费者热议的一个话题。某区工商局这次反垄断调查首开其端，意义非凡。那么依据反垄断法如何认定垄断行为呢？

根据反垄断法的规定，垄断行为包括：（1）经营者达成垄断协议；（2）经营者滥用市场支配地位；（3）具有或者可能具有排除、限制竞争效果的经营者集中。

根据反垄断法第十七条第五项的规定，"没有正当理由搭售商品，或者在交易时附加其他不合理的交易条件"，是法律明确禁止具有市场支配地位的经营者从事的滥用市场支配地位的行为。中国铁通某分公司、中国联通某分公司、中国电信某分公司要求客户在办理宽带，绑定固定电话，与消费者之间形成滥用市场支配地位，因此涉嫌违反垄断法。

 以案释法 17

可口可乐公司收购汇源果汁公司涉嫌反垄断

可口可乐公司是中国市场上最大的碳酸饮料供应商，市场占有率达52.5%。汇源果汁公司是中国最大的纯果汁生产商，在这一高端市场占有33%的份额。可口可乐也出售果汁饮料，它与汇源果汁公司在中国果汁和蔬菜汁市场合计占有20.3%的份额。2008年9月3日，可口可乐公司宣布以24亿美元收购汇源果汁公司。汇源果汁公司也同时公告，称可口可乐公司旗下全资附属公司以179.2亿港元收购汇源果汁全部已发行股本。

2008年9月18日，可口可乐公司向商务部递交了申报材料。9月25日、10月9日、10月16日和11月19日，可口可乐公司根据商务部要求对申报材料进行了补充。11月20日，商务部认为可口可乐公司提交的申报材料达到了反垄断法第二十三条规定的标准，对此项申报进行立案审查，并通知了可口可乐公司。由于此项集中规模较大、影响复杂，2008年12月20日，初步阶段审查工作结束后，商务部决定实施进一步审查，书面通知了可口可乐公司。在进一步审查过程中，商务部对集中造成的各种影响进行了评估，并于2009年3月20日前完成了审查工作。

 释解

可口可乐和汇源果汁公司，两家都是饮料市场上占据大份额的供应商，其收购行为是经营者集中，涉嫌垄断行为，因此其收购行为，必须经商务部审查。

根据反垄断法第二十七条的相关规定，商务部从如下几个方面对此项经营者集中进行了全面审查：（1）参与集中的经营者在相关市场的市场份额及其对市场的控制力；（2）相关市场的市场集中度；（3）经营者集中对市场进入、技术进步的影响；（4）经营者集中对消费者和其他有关经营者的影响；（5）经营者集中对国民经济发展的影响；（6）汇源品牌对果汁饮料市场竞争产生的影响。

立案后，商务部对此项申报依法进行了审查，对申报材料进行了认真核实，对此项申报涉及的重要问题进行了深入分析，并通过书面征求意见、论证会、座谈会、听证会、实地调查、委托调查以及约谈当事人等方式，先后征求了相关政府部门、相关行业协会、果汁饮料企业、上游果汁浓缩汁供应商、下游果汁饮料销售商、集中交易双方、可口可乐公司中方合作伙伴以及相关法律、经济和农业专家等方面的意见。

审查工作结束后，商务部依法对此项集中进行了全面评估，确认集中将产生如下不利影响：

第一，集中完成后，可口可乐公司有能力将其在碳酸软饮料市场上的支配地位传导到果汁饮料市场，对现有果汁饮料企业产生排除、限制竞争效果，进而损害饮料消费者的合法权益。

第二，品牌是影响饮料市场有效竞争的关键因素，集中完成后，可口可乐公司通过控制"美汁源"和"汇源"两个知名果汁品牌，对果汁市场控制力将明显增强，加之其在碳酸饮料市场已有的支配地位以及相应的传导效应，集中将使潜在竞争对手进入果汁饮料市场的障碍明显提高。

第三，集中挤压了国内中小型果汁企业的生存空间，抑制了国内企业在果汁饮料市场参与竞争和自主创新的能力，给中国果汁饮料市场有效竞争格局造成不良影响，不利于中国果汁行业的持续健康发展。为了减少审查中发现的不利影响，商务部与可口可乐公司就附加限制性条件进行了商谈。商谈中，商务部就审查中发现的问题，要求可口可乐公司提出可行解决方案。可口可乐公司对商务部提出的问题表述自己的看法，并先后提出了初步解决方案及其修改方案。经过评估，商务部认为可口可乐公司针对影响竞争问题提出的救济方案，仍不能有效减少此项集中产生的不利影响。

鉴于上述原因，根据反垄断法第二十八条和第二十九条的规定，商务部认为，此项经营者集中具有排除、限制竞争效果，将对中国果汁饮料市场有效竞争和果汁产业健康发展产生不利影响。鉴于参与集中的经营者没有提供充足的证据证明集中对竞争产生的有利影响明显大于不利影响或者符合社会公共利益，在规定的时间内，可口可乐公司也没有提出可行的减少不利影响的解决方案。据此，商务部作出禁止此项集中的决定。

第七章
市场规范管理

导 读

　　行政许可改革放宽市场准入制度之后，国家按照"谁审批、谁监管"的原则，厘清部门监管职责，完善协同监管机制，加强市场规范化管理。为了市场管理规范，发展有序，国家颁布的相关法律法规，诸如《中华人民共和国合同法》《直销管理条例》《禁止传销条例》《粮食流通管理条例》等都对工商行政部门监管市场提供了法律依据。工商行政部门作为国家市场监管的主要力量，担负着监督管理，促进和规范交易行为，查处违法，维护市场秩序的重要职责。

第一节　市场规范管理概述

一、市场

　　市场是在一定的生产关系基础上，以商品交换为核心内容，包含商品交换场所以及商品交换关系的集合体。市场是商品交换的场所，是商品交换活动的全过程，也是商品交换关系的总和。

　　市场的构成要素，包括：(1)市场主体。指拥有商品所有权，能够按照自己的意志从事商品交换活动，以实现其经济目的的当事人。市场主体是构成市场的能动要素。(2)市场客体。指作为交换对象的各种商品。(3)市场行为。指市场通过开展一定的商品交换活动以实现特定经济目的的行为。包含市场交易行为和市场竞争行为两种基本类型。(4)市场规则。指由市场管理主体为了维护市场秩序，根据市场运行的客观要求制定的，用来约束市场经济活动当事人行为的各种规范和准则。包括市场进入规则、市场行为规则、市场退出规则。

二、工商行政部门对市场的监管

（一）市场规范管理

1.市场规范化管理的方式

工商行政部门对市场规范管理的方式有市场巡查制、市场预警制、日常监管与专项市场整治相结合。

2.市场规范管理的主要职责

（1）对市场交易主体进行规范管理。市场交易主体包括市场经营管理单位和市场经营者；（2）对市场客体进行管理。市场客体包括商品和服务；（3）对市场交易行为进行规范管理。市场交易行为包括商品交换行为和为促进商品交换而进行的竞争行为；（4）研究探索市场规范管理的方式方法；（5）研究拟订规范各类市场秩序的规章制度及具体措施。

（二）市场巡查

市场巡查是工商行政管理机关进行市场监督的主要形式。市场巡查的方式有区域巡查、专项巡查和重点巡查。实现市场巡查制的三个结合主要包括：建立制度规范、执法严格、反应迅速、措施有力的巡查机制，与"经济户口"管理相结合，与企业信用分类监督管理制度相结合，与商品准入制度相结合。市场巡查是工商行政管理执法人员在日常工作中，通过巡回检查的方式，依法对管辖区域内各类市场主体的资格、经营行为、商品质量等进行监督检查、受理投诉和查处违法违章行为的监督管理制度。

1.市场巡查主要应包括以下内容

（1）经营主体是否持照经营、亮照经营，是否人照相符，查处伪造、涂改、出租、出借、转让、出卖营业执照和无照经营的行为；（2）是否按核定的经营范围和经营方式经营；（3）是否按营业执照核定的经营地点从事经营；（4）是否按时参加年检；（5）通过对商品、商品购销台账、进货票据和商品库房的检查，查处销售假冒伪劣商品、过期变质商品、"三无"商品、走私物品和其他国家规定禁止上市物品的违法行为；（6）市场内有否缺斤短两、掺杂使假、欺行霸市等违法违章行为；（7）是否存在不正当竞争行为和欺诈行为；（8）商标使用情况，是否有侵权、假冒或其他不规范使用行为；（9）各类广告的审批、设置情况，是否有非法或不规范设置、违规散发或内容虚假、欺诈等广告；（10）是否有违法、欺诈合同或利用合同进行经济违法违章活动；（11）市场经营者是否按规定建立经营台账并如实记录；（12）售出商品时，是否按规定给消费者开具发票或信誉卡；（13）市场经营者是否依法缴费；（14）受理消费者投诉，调解消费纠纷；（15）查处市场巡查中发现的违章违法行为和群众举报的案件；（16）完成上级布置的其他任务。

2.市场巡查的方式

（1）区域巡查。由工商所根据所管辖的各种商品交易场所和经济活动的实际情况，组成巡查组，按照职责分工和工作规定，在管理区域内定人、定时、定点执行巡回检查，主要是解决"面上"的问题，应作为经常性工作。

（2）专项巡查。对重点市场、重大活动和重点问题，需要集中力量解决和处理的，可根据工作需要，开展专项巡查，主要是解决"块上"的问题，应作为阶段性工作，适时组织专项检查，以解决分片巡查不到位的问题。

（3）重点巡查。对群众举报线索比较明显的，或日常监管中发现较明显的违法违章行为，进行重点巡查，主要是解决"点上"的问题，应作为突击性工作。

除此之外，对大型或中心市场也可采取驻场式巡查，对城市中的各专业市场也可采取专业巡查的方式。

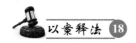

工商市场巡查执法

2007年7月25日，某县工商行政管理局执法人员在市场巡查时，发现某食品有限公司为促销其"Q猪"系列产品，于2007年6月开始筹划开展了"Q猪好大运"有奖销售活动。奖项为：特等奖1名，奇瑞QQ汽车1辆（1年使用权）（限1名）；一等奖10名，品牌手提电脑1台。工商局认为该公司涉嫌违法巨奖销售，进行立案调查。2007年7月30日、8月21日，工商局分别向该公司发出询问通知书和听证告知书。该公司对询问通知书予以回复，但放弃了听证。工商局经2007年9月5日复核，9月11日作出工商行政处罚决定书，认定该公司违反了反不正当竞争法第十三条第（三）项的规定，责令其停止该违法行为，并处以罚款人民币6万元整，上缴国库。该公司以事实不清、适用法律错误、程序违法为由向市工商局申请复议。2007年12月21日，市工商局行政复议决定维持。2007年12月25日，该公司以工商执法人员滥用职权、程序违法为由向法院提起行政诉讼，并提供一盘工商执法人员现场执法时录制的录音带。

该公司的有奖销售行为是否违法？根据反不正当竞争法第十三条规定，经营者不得从事下列有奖销售：（1）采用谎称有奖或者故意让内定人员中奖的欺骗方式进行有奖销售；（2）利用有奖销售的手段推销质次价高的商品；（3）抽奖式的有奖销售，最高奖的金额超过五千元。

据此可知，该食品有限公司有奖销售设立的奖项超出了法律规定的"最高奖的金额超过五千元"的设限，属于违法行为。国家工商总局作为反不正当竞争法在行政执法领域内的主要执法机关，有权对市场主体的违法经营行为作出行政处罚。该公司向法院提交的录音证据证明工商执法具有违法性，现场商定的罚款数额，由4万元改为6万元属滥用职权。经审查双方工作人员电话录音内容，表明双方工作人员在行政处罚决定作出后就罚款数额进行过协商。由于双方工作人员之间的沟通、协商不是行政处罚的必经步骤，不能以此证明工商执法人员滥用职权。法院依法判决维持该县工商行政管理局所作的行政处罚决定。

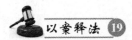 以案释法 **19**

判决事实能否成为行政机关行政处罚的依据

　　盱眙龙虾是江苏省盱眙龙虾协会注册的地理标志证明商标，2009年被认定为驰名商标。2014年7月，赵某向盱眙县市场监管局投诉称，自己在南京土特产有限公司购买的两盒熟食龙虾包装上，印有"中国驰名商标"字样，产品生产者是盱眙县的水产公司，生产时间是2014年6月，要求查处生产者，同时要求生产者给予其10倍赔偿。执法人员接到投诉后立即展开调查，在水产公司及与水产公司合作的商场发现两种包装的熟食龙虾，一种印有"中国名菜"，没有"中国驰名商标"字样；另一种虽有"中国驰名商标"字样，但已被印有"中国名菜"的不干胶覆盖。执法人员随后答复投诉人，其投诉查无证据，不予立案，10倍赔偿亦无依据。

　　2015年1月，赵某向南京市鼓楼区法院起诉水产公司，要求10倍赔偿。在法庭上，赵某提交了售货小票和印有"中国驰名商标"字样的商品。水产公司辩称是赵某购买后撕掉了本应覆盖在"中国驰名商标"字样上的不干胶。法庭要求水产公司就原告提供的商品包装是否有撕去不干胶的痕迹进行鉴定，但水产公司拒绝了。最后法院判决认定原告商品为水产公司提供，但因不构成欺诈，驳回原告要求赔偿的诉讼请求。2015年3月，赵某把判决书递交盱眙县市场监管局，再次要求市场监管局依据法院认定的事实对水产公司进行行政处罚。

 释解

　　本案涉及一个实践中经常遇到的法律问题，那就是法院认定的事实，能否成为行政机关进行行政处罚的依据。

　　《最高人民法院关于行政诉讼证据若干问题的规定》第七十条规定"生效的人民法院裁判文书或者仲裁机构裁决文书确认的事实，可以作为定案依据"。

　　但是在本案中，应该具体问题具体分析。法院判决水产公司败诉，是因为水产公司存在举证不能的原因，不能因此直接证明其确实贴牌销售带有"中国驰名商标"字样的商品的违法行为。由于水产公司没有举证证明不干胶是被撕掉的，所以法院

判定其承担举证不能的后果，即认定赵某手中的违法商品是水产公司销售的。这种判定其实是推定事实存在，而民事判决靠推定认定的事实未必是真正的事实。行政法与刑法一样，讲究以事实为依据，事实不确定和疑点利益归当事人。在没有其他证据的情况下，法院的民事判决不宜作为认定水产公司违法行为成立的依据。因此市场监管局在没有取得新证据证明水产公司存在贴牌生产违法行为时，不能对其作出行政处罚。

第二节　合同行为监管

一、合同行为监管概述

（一）合同行为监管的法律依据

依据合同法第一百二十七条规定："工商行政管理部门和其他有关行政主管部门在各自的职权范围内，依照法律、行政法规的规定，对利用合同危害国家利益、社会公共利益的违法行为，负责监督处理；构成犯罪的，依法追究刑事责任。"为了更好地履行违法合同的监管职责，国家工商行政管理总局于2010年11月13日起公布施行《合同违法行为监督处理办法》。

（二）合同行为监管的定义

广义的合同行为监管，是与合同行为有关的所有部门对合同进行管理的一系列活动的总称。既包括县级以上工商行政管理部门和其他有关主管部门依照法律、法规的规定对合同进行的管理，也包括公证机关的公证、仲裁机构的仲裁和司法机关对合同争议进行的审理，同时也包括企业对自身合同行为的管理。狭义的合同监管，仅指县级以上工商行政管理部门和其他有关主管部门在各自的职权范围内，依照法律、行政法规规定的职责，运用指导、协调、监督等行政手段促使合同当事人依法订立、变更、履行、解除、终止合同和承担违约责任，制止和查处利用合同进行的违法行为，调解合同纠纷，维护合同秩序所进行的一系列行政管理活动的总称。

（三）合同行为监管的特征

（1）合同行为监督的主体是国家行政管理机关。

（2）合同行为监督的性质是经济行政管理，是国家行政管理机关的一种外部监督管理，是通过行政行为表现出来的、区别于合同中的经济行为和司法行为。

（3）合同行为监督是一种以事后管理为主，事后管理与事前、事中管理相结合的管理模式。事后管理主要对合同是否全面和实际履行以及合同全过程是否符合法律、法规的要求所进行的总结性监管。事先管理主要对合同订立、订立过程进行的监管，事中管理主要对合同履行过程进行的经常性、及时性的监管。

（4）合同行为监督具有系统性特征，贯穿于合同订立、履行直至终止全过程，因此，它是一个系统管理过程。

（四）合同行为监督的必要性

市场经济从根本上说是一种契约经济，没有规范有序的合同行为，就没有健康有序的市场经济。目前我国市场秩序比较混乱，契约关系的违法现象严重，比如合同拖欠、合同违法行为大量存在。要建立良好的市场秩序，首先必须严肃合同纪律，维护合同的契约关系，查处利用合同进行的违法行为，加强合同行为监督。依法规范合同行为，是进一步深化经济体制改革，促进社会主义市场经济健康发展的客观需要，是监督管理社会主义市场体系，建立和维护市场经济秩序的重要措施。

（五）合同行为监督的原则

合同行为监督的原则是指合同行为监督必须遵循的指导思想和基本要求。合同行为监督只有在一定原则指导下，才能正确地行使其职能，发挥其应有的作用。合同行为监督的原则主要有：

（1）坚持依法管理的原则。合同行为监督坚持依法管理的原则，是指合同行为监督机关在合同行为监督过程中，必须依照合同法规及有关的政策进行管理。因为法律、法规及政策是合同行为监督的依据，同时依法管理是防止和克服凭长官意志办事的保障。以法律为准绳实施管理有利于杜绝少数滥用管理职权等现象。再者，依法管理也是预防和减少合同纠纷的重要措施。

（2）正确处理国家、集体和个人三者利益的原则。在合同行为监督中，贯彻这一原则首先要注意保护国家利益。国家利益受到损害，会使整个国家经济失去平衡，社会失去稳定。其次，要注意保护企业的正当经济权益。企业是国民经济的基本经济细胞，企业的正当权益受到侵害会影响国家利益，也会影响企业职工的利益。最后，要注意保护个人的经济利益，消费者个人既是社会生产建设的主体，又是国家的主人，个人利益受到侵害就会失去生产的动力，社会就缺乏稳定。对于一切有损于国家、集体和个人利益的合同的订立和履行行为，合同行为监督机关要坚决予以制止和打击。

（3）坚持服务的原则。在合同行为监督中，管理机关在进行合同行为监督的同时，要积极地为合同整个过程提供各种有关法律法规的咨询，疑难问题解答，信息提供及纠纷调解等帮助和服务。在合同行为监督过程中，坚持服务的原则，为合同的订立、履行、变更、终止等全过程提供各种帮助，防止和减少各种失误以及不必要的纠纷。工商行政管理部门在实现自身管理职能的同时，不断改进工作作风，增强服务意识，为工作对象提供方便。

二、合同违法行为监管

根据《合同违法行为监督处理办法》，工商行政管理主要针对下面违法的合同行为进行监管：

（一）合同欺诈行为

具体情形包括：（1）伪造合同；（2）虚构合同主体资格或者盗用、冒用他人名义订立合同；（3）虚构合同标的或者虚构货源、销售渠道诱人订立、履行合同；（4）发布或者利用虚假信息，诱人订立合同；（5）隐瞒重要事实，诱骗对方当事人作出错误的意思表示订立合同，或者诱骗对方当事人履行合同；（6）没有实际履行能力，以先履行小额合同或者部分履行合同的方法，诱骗对方当事人订立、履行合同；（7）恶意设置事实上不能履行的条款，造成对方当事人无法履行合同；（8）编造虚假理由中止（终止）合同，骗取财物；（9）提供虚假担保；（10）采用其他欺诈手段订立、履行合同。

（二）利用合同危害国家和社会公共利益行为

具体情形包括：（1）以贿赂、胁迫等手段订立、履行合同，损害国家利益、社会公共利益；（2）以恶意串通手段订立、履行合同，损害国家利益、社会公共利益；（3）非法买卖国家禁止或者限制买卖的财物；（4）没有正当理由，不履行国家指令性合同义务；（5）其他危害国家利益、社会公共利益的合同违法行为。

（三）格式条款订立违法的合同

1.格式条款免除责任的情形

经营者与消费者采用格式条款订立合同的，经营者不得在格式条款中免除自己的下列责任：（1）造成消费者人身伤害的责任；（2）因故意或者重大过失造成消费者财产损失的责任；（3）对提供的商品或者服务依法应当承担的保证责任；（4）因违约依法应当承担的违约责任；（5）依法应当承担的其他责任。

2.格式合同不得加重消费者责任

经营者与消费者采用格式条款订立合同的，经营者不得在格式条款中加重消费者下列责任：（1）违约金或者损害赔偿金超过法定数额或者合理数额；（2）承担应当由格式条款提供方承担的经营风险责任；（3）其他依照法律法规不应由消费者承担的责任。

3.格式合同不得排除消费者权利

经营者与消费者采用格式条款订立合同的，经营者不得在格式条款中排除消费者下列权利：（1）依法变更或者解除合同的权利；（2）请求支付违约金的权利；（3）请求损害赔偿的权利；（4）解释格式条款的权利；（5）就格式条款争议提起诉讼的权利；（6）消费者依法应当享有的其他权利。

电信公司格式合同标注不明涉嫌欺诈

2012年2月21日，吉林市工商行政管理局合同分局在格式合同检查中发现，该市某电信分公司销售的电话充值卡，仅在卡面上标注有效期限，未采取任何方式明示电话充值卡中话费有效期限等重要内容，并设定充值后话费的消费期限，涉嫌欺诈消费者。经主管局长批准后，当地工商局于2012年3月1日立案调查，并于3月23日调查终结。

当事人的上述行为违反了《合同违法行为监督处理办法》第六条第五项的规定"隐瞒重要事实，诱骗对方当事人作出错误的意思表示订立合同，或者诱骗对方当事人履行合同"，属于利用合同实施欺诈的违法行为。

根据《合同违法行为监督处理办法》第十二条的规定，对当事人予以警告，并处罚款3万元。

商家以商业广告等形式对商品进行宣传，载明了商品的名称、数量、质量、价款、履行期限、方式、违约责任以及解决争议的方法，内容、形式具体，约束、承诺明显，是希望和他人订立合同的意思表示，视为要约。消费者付款购买、使用该商品后，承诺生效，视为合同成立。消费者权益保护法第二十条规定"经营者应当向消费者提供有关商品或者服务的真实信息，不得作引人误解的虚假宣传"，当事人在销售活动中，利用商业广告对消费者发出要约，仅在电话充值卡卡面以文字形式标注电话卡有效期限，未采取任何方式明示电话卡充值后话费有效期限等重要内容，使消费者混淆电话卡有效期限与电话卡话费有效期限概念，误导消费者购买其商品，并以话费过期作废为由损害消费者的合法权益。当事人的行为违反了《合同违法行为监督处理办法》第六条第五项的规定，构成了利用合同实施欺诈的违法行为。

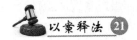

格式合同霸王条款侵害消费者权益

上海某汽车维修服务有限公司自2014年11月起，在销售奔驰汽车的过程中使用事先拟定的销售合同。其中第八条规定："非卖方原因而无法取得车辆进口许可证以及因车辆生产厂家的原因而导致车辆不能如期交付或者交付不能的情况属于本合同约定的不可抗力，卖方对此不承担责任。"至案发，当事人无相关违法所得。上海市工商局宝山分局认为，当事人的行为违反了《合同违法行为监督处理办法》第九条第四项及第十条第二项的规定。该分局责令当事人改正违法行为，并根据《合同违法行为监督处理办法》第十二条的规定，对当事人罚款1万元。

释解

格式合同，因其高效便捷在现代经济社会生活被广泛使用。在实践中，经常见到格式合同排除消费者的选择与协商，不合理分配经营者与消费者之间的权益与风险，背离合同公正。这就需要加强格式合同监管，以维护合同正义。实践中，合同格式条款越过了"公平原则"的边界，就属于"霸王条款"，为法律所禁止。

本案中，当事人作为汽车销售方，对消费者具有优势地位。进口不能或交货不能，是卖方在订立合同前就应当预见并加以避免和克服的经营风险。按照合同法第一百一十七条第二款的规定，"不可抗力"是指"不能预见、不能避免并不能克服的客观情况"。除归属于地震、战争等不可抗力因素外，进口不能或交货不能的责任应由卖方承担，卖方应承担违约责任。

本案当事人利用其提供的销售合同将"非卖方原因而无法取得车辆进口许可证""因车辆生产厂家的原因而导致车辆不能如期交付或者交付不能的情况"纳入不可抗力的范围，任意扩大免责条件，属于在格式条款中免除自己"因违约依法应当承担的违约责任"，将本属自己的经营风险转移给消费者，免除自身责任。当事人的行为违反了《合同违法行为监督处理办法》第九条第四项及第十条第二项的规定。

本案当事人的违法行为，折射出部分经营者及法律工作人员未充分重视"意思自治"合理限制的问题，主观地认为只要合同双方签字了就有约束力。为保障公平，法律对"意思自治"原则都施加了合理限制，除前述列举的合同法等规定外，消费者权益保护法第二十六条也对格式条款进行了限制，其第二款规定，经营者不得以格式条款等方式，作出排除或者限制消费者权利、减轻或者免除经营者责任、加重消费者责任等对消费者不公平、不合理的规定。因此工商局作出责令当事人改正违法行为，并根据《合同违法行为监督处理办法》规定对当事人作出罚款1万元的行政处罚事实清楚，适用法律恰当。

因此，提醒经营者在格式合同的起草过程中，应当秉持公平的精神，合理分配双方的权利和义务，在签订合同时，应尽到提示、说明等相关法律义务。

第三节 禁止传销

一、传销概述

20世纪90年代初，一些国外直销企业开始进入中国。由于我国经济发展正处于野蛮生长时代，管理法规不够完善，一些不法分子打着轻松致富的旗号，诱骗参与传销，利用虚假宣传、组成封闭人际网络，收取高额入门费等手段敛取钱财，还有一些人利用传销从事迷信、帮会、价格欺诈、推销假冒伪劣产品等违法犯罪活动。传销不仅干扰了正常的经济秩序，严重危害群众的利益，还严重影响了我国的社会稳定。

（一）禁止传销

1.传销

传销，是指组织者或者经营者发展人员，通过对被发展人员以其直接或者间接发展的人员数量或者销售业绩为依据计算和给付报酬，或者要求被发展人员以交纳一定费用为条件取得加入资格等方式牟取非法利益，扰乱经济秩序，影响社会稳定的行为。

2.禁止传销条例

为了防止欺诈，保护公民、法人和其他组织的合法权益，维护社会主义市场经济秩序，保持社会稳定，2005年8月10日国务院第101次常务会议通过《禁止传销条例》，自2005年11月1日起正式施行。

3.传销的危害性

（1）传销滋生偷税漏税、制售假冒伪劣商品、走私贩私、非法买卖外汇、非法集资、虚假宣传、侵害消费者权益等大量违法行为，给金融秩序和市场经济秩序造成破坏。

（2）传销侵害的多是弱势群体。受传销蛊惑被骗参加的人员中，大多是农民、下岗职工、老年人以及在校学生等社会弱势群体，他们绝大多数被骗后血本无归，有的甚至生活无着。

（3）传销引发治安违法行为和刑事犯罪行为，给社会稳定造成了严重危害。

（4）传销者以欺骗最亲近的人开始，诱骗朋友、亲戚加入，引发亲朋之间反目，甚至家破人亡的惨剧时有发生，严重破坏社会主义精神文明建设。

（5）传销组织者、策划者对参加人员实施精神控制。通过对参加人员培训"洗脑"宣扬所谓的迅速发财致富等传销理论，使人沉溺于"发财梦"中不能自拔，诱使参加者不择手段大肆从事欺诈活动。

（二）法律禁止的传销行为

《禁止传销条例》第七条规定，下列行为属于传销行为：

1. "拉人头"

组织者或者经营者通过发展人员，要求被发展人员发展其他人员加入，对发展的人员以其直接或者间接滚动发展的人员数量为依据计算和给付报酬，牟取非法利益的。

2. "入门费"

组织者或者经营者通过发展人员，要求被发展人员交纳费用或者以认购商品等方式变相交纳费用，取得加入或者发展其他人员加入的资格，牟取非法利益的。

3. "团队计酬"

组织者或者经营者通过发展人员，要求被发展人员发展其他人员加入，形成上下线关系，并以下线的销售业绩为依据计算和给付上线报酬，牟取非法利益的。

二、查处传销的措施

根据《禁止传销条例》第十四条规定，县级以上工商行政管理部门对涉嫌传销行为进行查处时，可以采取下列措施：（1）责令停止相关活动；（2）向涉嫌传销的组织者、经营者和个人调查、了解有关情况；（3）进入涉嫌传销的经营场所和培训、集会等活动场所，实施现场检查；（4）查阅、复制、查封、扣押涉嫌传销的有关合同、票据、账簿等资料；（5）查封、扣押涉嫌专门用于传销的产品（商品）、工具、设备、原材料等财物；（6）查封涉嫌传销的经营场所；（7）查询涉嫌传销的组织者或者经营者的账户及与存款有关的会计凭证、账簿、对账单等；（8）对有证据证明转移或者隐匿违法资金的，可以申请司法机关予以冻结。

工商部门在采取上述措施时，应当向县级以上工商行政管理部门主要负责人书面或者口头报告并经批准。遇有紧急情况需要当场采取前款规定措施的，应当在事后立即报告并补办相关手续；其中，实施前款规定的查封、扣押以及第七项、第八项规定的措施，应当事先经县级以上工商行政管理部门主要负责人批准。

三、法律责任

《禁止传销条例》根据其在传销组织所起的作用承担法律责任，组织者、骨干分子和参加者承担不同的责任。

（1）组织策划传销的，由工商行政管理部门没收非法财物，没收违法所得，处50万元以上200万元以下的罚款；构成法罪的，依法追究刑事责任。

（2）介绍、诱骗、胁迫他人参加传销的（骨干分子），由工商行政管理部门责令停止违法行为，没收非法财物，没收违法所得，处10万元以上50万元以下的罚款；构成犯罪的，依法追究刑事责任。

（3）参加传销的，由工商行政管理部门责令停止违法行为，可以处2000元以下的罚款。另外，需要注意的是如果只购买了组织者的商品，没有参加该组织的任何活动就不能定位为传销的参加者。

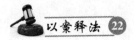

"白金微店"传销

2015年9月9日，某市市场监管局某工商所执法人员在进行日常检查时，发现王某进行鼓动性授课来销售商品涉嫌搞传销。同日下午，执法人员对王某的经营场所进行检查时发现，货架上摆放标有"生态型女士健康保养品"及"生态型男士健康保养品"的空盒，并在该场所发现王某发展的会员登记簿、会员层级网络结构图及其使用的交易网站。

据王某交代，他是山东某生物工程有限公司的白金微店、某品牌卫生用品在该市的总代理，按照总公司的制度规定发展会员。总公司规定，一次性购买3980元公司产品可以成为金会员，一次性购买7960元公司产品可以成为白金会员，成为金会员后可以在微信中开设金微店，成为白金会员后可以在微信中开设白金微店。总公司同时规定，成为金会员或者白金会员后推荐别人发展成新的金会员或者白金会员可以享受两种奖励：一是培育奖，各按一定比例提成。上级会员可获得下面几代会员的培育提成奖。二是团队奖。会员发展下面10代会员，可以获取10代所有人销售业绩5%的奖励。

2015年3月初，王某向总公司购买了价值7960元的10盒"生态型女士健康保养品"和5盒"生态型男士健康保养品"，获得白金会员资格，并开设了微店，成为总公司在该市的总代理，发展其下级微店。王某通过微信朋友圈销售上述某品牌卫生用品，在经营过程中，王某按照公司规定积极将其顾客发展成为公司会员，指导这些会员继续发展下线会员。截至案发，王某直接和间接介绍发展了6代、24名会员，这些会员之间形成了上下线、多层级关系，王某销售"莲之养"卫生用品约25万元、获利4378元。

王某的上述行为违反了《禁止传销条例》第七条规定，构成传销行为。根据《禁止传销条例》第二十四条第一款之规定，该局责令王某改正违法行为，没收违法所得4378元，并处罚款50万元。

"特许加盟店"变相传销

2009年3月,被告人李某注册设立某公司。2009年6月至2010年1月间,为扩大该公司的销售业绩,李某在其公司网站上推出了网上购物有奖竞猜活动,声称只要到该公司的加盟店购买一单(价值人民币680元)的金箔画,即可获得该公司的网上竞猜成员资格和16次网上有奖竞猜机会,实际竞猜中奖率达95%以上。同时,李某还推出了"特许加盟店"的奖励方法,规定凡特许加盟店每拓展一个加盟店,除可得到人民币2000元的一次性奖金之外,还可享受下属加盟店销售金箔画每单人民币15元的提成。利用以上手段,李某在全国范围内吸收注册会员6254人,销售金箔画共计八万多单,经营额达人民币5000多万元。

国家工商行政管理局认定,该公司采取凡到加盟店交纳人民币680元购买一单金箔画后即可取得网上竞猜成员资格和16次网上有奖竞猜机会的做法,其实质是以交纳一定入门费为前提,取得获取回报的资格,并以高额回报为诱饵,用后加入者交纳的钱支付先加入者的奖金以维持其非法经营活动,属于变相传销行为。

 **释解**

本案主要涉及变相传销行为的法律认定及其与有奖销售的区别等问题。《禁止传销条例》公布实施后,我国禁止任何形式的传销经营活动。对利用传销骗取钱财、推销假冒伪劣产品、走私产品、偷逃税收等构成犯罪的,要依法追究刑事责任。司法实践中,一些传销组织者在高额利益的驱使下,为逃避法律的制裁,采取"加盟连锁""滚动促销"等名义继续进行变相传销。当前新型的传销手段主要是以电子商务作幌子,搞所谓网上购物、网上有奖竞猜等活动。

在本案中,被告人李某的经营行为是否属于非法传销或变相传销行为呢?根据有关法律法规,被告人李某的行为完全符合变相传销的特征:首先,李某推出的"购物有奖竞猜"活动和"特许加盟店"奖励方法,已经不属于商品有奖促销的性质。"购物有奖竞猜"活动实质上是一种引诱参加者以认购商品的方式变相交纳入门费,从而取得成员资格或者发展其他成员参加的资格。"特许加盟店"奖励方法明显就是让先参加者从发展的下线成员所交纳的费用中获取收益,具有传销或变相传销的组织特征。其次,李某所销售商品的价格大大背离了其实际价值,实际价值人民币100多元的一幅"金箔画",要参加者交纳人民币680元来购买,才能取得"有奖销售"的成员资格,而且其允诺的中奖比率和奖金数额一旦兑现,购买"金箔画"的成员所获取的奖金数额大大超过其购买商品付出的费用。在这种情况下，李某不可能是从商品销售收入和经营成本之间的差价中获取利润并维持运作，只能利用后加入的成员高价购买商品的费用来支付先加入者的所谓"奖金"。这是作为非法经营性质的传销行为的本质特征。最后，被告人李某在网络上的宣传，不是以商品质量、效用以及促销性质的中奖为内容，而是以给予购买者超过购买价格的高额回报和从发展下线的收入中提成为内容。因此，李某采取凡到其加盟店从销售商品收入中提成的做法，其实质是以交纳一定入门费为前提，取得获取回报的资格，并以高额回报为诱饵，用后加入者交纳的钱支付先加入者的奖金，以维持其非法经营活动的变相传销行为。

第四节　直销管理

一、直销概述

（一）直销

《直销管理条例》所称的直销，是指直销企业招募直销员，由直销员在固定营业场所之外直接向最终消费者（以下简称消费者）推销产品的经销方式。

（二）直销企业

直销企业是指依照《直销管理条例》规定，经批准可以采取直销方式销售产品的企业。要成为直销企业，必须是在中国境内设立的企业，依照《直销管理条例》第七条规定，申请成为直销企业，应当具备下列条件：（1）投资者具有良好的商业信誉，在提出申请前连续5年没有重大违法经营记录；外国投资者还应当有3年以上在中国境外从事直销活动的经验；（2）实缴注册资本不低于人民币8000万元；（3）依照条例规定在指定银行足额缴纳了保证金；（4）依照规定建立了信息报备和披露制度。

（三）直销员

直销员是指由直销企业依法招募并在固定营业场所之外将产品直接推销给消费者的人员。直销员属于直销企业，必须由直销企业或其分支机构招募，经过业务培训和考试，并取得直销员证；直销员与直销企业是临时雇佣关系；直销员是自然人。并在很大程度上排除一些兼职人员。《直销管理条例》第十五条规定，直销企业及其分支机构不得招募下列人员为直销员：（1）未满18周岁的人员；（2）无民事行为能力或者限制民事行为能力的人员；（3）全日制在校学生；（4）教师、医务人员、公务员和现役军人；（5）直销企业的正式员工；（6）境外人员；（7）法律、行政法规规定不得从事兼职的人员。

（四）直销培训员

直销培训员是指直销企业确定的正式员工，从事对直销员进行业务培训的授课人员。直销企业须颁发直销培训员证，并报商务部备案。

《直销管理条例》第十九条规定，对直销员进行业务培训的授课人员应当是直销企业的正式员工，并符合下列条件：（1）在本企业工作1年以上；（2）具有高等教育本科以上学历和相关的法律、市场营销专业知识；（3）无因故意犯罪受刑事处罚的记录；（4）无重大违法经营记录。

直销企业应当向符合前款规定的授课人员颁发直销培训员证，并将取得直销培训员证的人员名单报国务院商务主管部门备案。国务院商务主管部门应当将取得直销培训员证的人员名单，在政府网站上公布。

境外人员不得从事直销员业务培训。

（五）直销产品

商务部、国家工商行政管理总局根据《直销管理条例》第二条的规定，公布直销产品范围如下：（1）化妆品（包括个人护理品、美容美发产品）；（2）保健食品（获得有关部门颁发的《保健食品批准证书》）；（3）保洁用品（个人卫生用品及生活用清洁用品）；（4）保健器材；（5）小型厨具。

根据国家相关规定，直销产品应符合国家认证、许可或强制性标准。商务部和国家工商行政管理总局将根据直销业发展状况和消费者的需求适时调整直销产品的范围。

《直销管理条例》同时规定，直销产品应当是直销企业生产的以及其分公司、控股公司生产的产品。其他企业（包括直销企业）的产品，本直销企业不得采取直销的方式销售。

（六）传销与直销的区别

在法律方面，传销与直销是严格区分的。传销是法律明文禁止的行为，是一种严重的违法活动。而直销则是一种法律允许、合法的销售商品及经营活动。传销严重扰乱市场经济秩序，严重危害社会和谐稳定，严重侵害人民群众权益和人身、财产安全，严重败坏社会伦理道德，它涉及的不仅仅是经济问题，同时也是社会问题和政治问题。而合法的直销，在一定程度上有利于降低企业的经营成本，对促进商品流通有一定的作用，客观上也满足了社会的就业需求。在具体的行为、活动表现上，传销与直销也是有根本区别的，比如在招募上，在培训上，在退换货上等都不一样。具体有几项区别：（1）有无入门费；（2）有无依托优质产品；（3）产品是否流通；（4）有无退货保障制度；（5）销售人员结构有无超越性；（6）有无店铺经营。

二、直销活动管理

（一）依法开展直销活动

根据《直销管理条例》第二十二条规定，直销员向消费者推销产品，应当遵守下列规定：（1）出示直销员证和推销合同；（2）未经消费者同意，不得进入消费者住所强行推销产品，消费者要求其停止推销活动的，应当立即停止，并离开消费者住所；（3）成交前，向消费者详细介绍本企业的退货制度；（4）成交后，向消费者提供发票和由直销企业出具的含有退货制度、直销企业当地服务网点地址和电话号码等内容的售货凭证。

另外，直销企业应当在直销产品上标明产品价格，该价格与服务网点展示的产品价格应当一致。直销员必须按照标明的价格向消费者推销产品。

（二）直销报酬支付

直销企业至少应当按月支付直销员报酬。直销企业支付给直销员的报酬只能按照直销员本人直接向消费者销售产品的收入计算，报酬总额（包括佣金、奖金、各种形式的奖励以及其他经济利益等）不得超过直销员本人直接向消费者销售产品收入的30%。

（三）直销企业应当建立并实行完善的换货和退货制度

消费者自购买直销产品之日起30日内，产品未开封的，可以凭直销企业开具的发票或者售货凭证向直销企业及其分支机构、所在地的服务网点或者推销产品的直销员办理换货和退货；直销企业及其分支机构、所在地的服务网点和直销员应当自消费者提出换货或者退货要求之日起7日内，按照发票或者售货凭证标明的价款办理换货和退货。

直销员自购买直销产品之日起30日内，产品未开封的，可以凭直销企业开具的发票或者售货凭证向直销企业及其分支机构或者所在地的服务网点办理换货和退货；直销企业及其分支机构和所在地的服务网点应当自直销员提出换货或者退货要求之日起7日内，按照发票或者售货凭证标明的价款办理换货和退货。

不属于前两款规定情形，消费者、直销员要求换货和退货的，直销企业及其分支机构、所在地的服务网点和直销员应当依照有关法律法规的规定或者合同的约定，办理换货和退货。

（四）直销商品纠纷

直销企业与直销员、直销企业及其直销员与消费者因换货或者退货发生纠纷的，由前者承担举证责任。直销企业对其直销员的直销行为承担连带责任，能够证明直销员的直销行为与本企业无关的除外。

三、直销监管法律制度

2005年10月19日，商务部第十五次部务会议审议通过，并经工商总局同意，发布了《直销企业信息报备、披露管理办法》。要求直销企业应建立完备的信息报备和披露制度，并接受政府相关部门的监管检查和社会公众的监督。

（一）披露制度

1.直销管理网站信息披露

商务部和国家工商行政管理总局直销行业管理网站应向社会公布下列内容：

（1）有关法律、法规及规章；（2）直销产品范围公告；（3）直销企业名单及其直销产品名录；（4）直销企业省级分支机构名单及其从事直销的地区、服务网点；（5）直销企业保证金使用情况；（6）直销员证、直销培训员证式样；（7）直销企业、直销培训员及直销员违规及处罚情况；（8）其他需要公布的信息。

2.直销企业信息披露

直销企业通过其建立的中文网站向社会披露信息。直销企业建立的中文网站是直销企业信息报备和披露的重要组成部分，并应在取得直销经营许可证之日起3个月内与直销行业管理网站链接。直销企业设立后应真实、准确、及时、完整地向社会公众披露以下信息：（1）直销企业直销员总数，各省级分支机构直销员总数、名单、直销员证编号、职业及与直销企业解除推销合同人员名单；（2）直销企业及其分支机构名称、地址、联系方式及负责人，服务网点名称、地址、联系方式及负责人；（3）直销产品目录、零售价格、产品质量及标准说明书，以及直销产品的主要成分、适宜人群、使用注意事项等应当让消费者事先知晓的内容；（4）根据国家相关规定直销产品应符合国家认证、许可或强制性标准的，直销企业应披露其取得相关认证、许可或符合标准的证明文件；（5）直销员计酬、奖励制度；（6）直销产品退换货办法、退换货地点及退换货情况；（7）售后服务部门、职能、投诉电话、投诉处理程序；（8）直销企业与直销员签订的推销合同中关于直销企业和直销员的权利、义务，直销员解约制度，直销员退换货办法，计酬办法及奖励制度，法律责任及其他相关规定；（9）直销培训员名单、直销员培训和考试方案；（10）涉及企业的重大诉讼、仲裁事项及处理情况。

（二）信息报备制度

直销企业设立后，每月15日前须通过直销行业管理网站向商务部、工商总局报备以下内容：（1）保证金存缴情况；（2）直销员直销经营收入及纳税明细情况，包括：直销员按月直销经营收入及纳税金额和直销员直销经营收入金额占直销员本人直接向消费者销售产品收入的比例；（3）企业每月销售业绩及纳税情况；（4）直销培训员备案；（5）其他需要报备的内容。

（三）保证金制度

直销企业应当在国务院商务主管部门和国务院工商行政管理部门共同指定的银行开设专门账户，存入保证金。

保证金的数额在直销企业设立时为人民币2000万元；直销企业运营后，保证金应当按月进行调整，其数额应当保持在直销企业上一个月直销产品销售收入15%的水平，但最高不超过人民币1亿元，最低不少于人民币2000万元。保证金的利息属于直销企业。

根据《直销管理条例》第三十条规定，出现下列情形之一，国务院商务主管部门和国务院工商行政管理部门共同决定，可以使用保证金：（1）无正当理由，直销企业不向直销员支付报酬，或者不向直销员、消费者支付退货款的；（2）直销企业发生停业、合并、解散、转让、破产等情况，无力向直销员支付报酬或者无力向直销员和消费者支付退货款的；（3）因直销产品问题给消费者造成损失，依法应当进行赔偿，直销企业无正当理由拒绝赔偿或者无力赔偿的。

直销企业不得以保证金对外担保或者违反《直销管理条例》规定用于清偿债务。直销企业不再从事直销活动的，凭国务院商务主管部门和国务院工商行政管理部门出具的凭证，可以向银行取回保证金。

四、工商监管职权

根据《直销管理条例》第三十五条规定，工商行政管理部门负责对直销企业和直销员及其直销活动实施日常的监督管理。工商行政管理部门可以采取下列措施进行现场检查：（1）进入相关企业进行检查；（2）要求相关企业提供有关文件、资料和证明材料；（3）询问当事人、利害关系人和其他有关人员，并要求其提供有关材料；（4）查阅、复制、查封、扣押相关企业与直销活动有关的材料和非法财物；（5）检查有关人员的直销培训员证、直销员证等证件。

工商行政管理部门依照前款规定进行现场检查时，检查人员不得少于2人，并应当出示合法证件；实施查封、扣押的，必须经县级以上工商行政管理部门主要负责人批准。

工商行政管理部门实施日常监督管理，发现有关企业有涉嫌违反条例行为的，经县级以上工商行政管理部门主要负责人批准，可以责令其暂时停止有关的经营活动。

五、法律责任

为保证《直销管理条例》各项规定的落实，条例对违反规定的各类违法行为设定了严格的法律责任。

（一）违法开展直销活动

未经许可从事直销活动或者通过欺骗、贿赂等手段取得直销许可的违法行为，条例规定：由工商行政管理部门责令改正，没收直销产品和违法销售收入，处5万元以上30万元以下的罚款；情节严重的，处30万元以上50万元以下的罚款，并依法予以取缔；构成犯罪的，依法追究刑事责任。通过非法手段取得直销许可的，还应当由国务院商务主管部门撤销相应的许可。

直销企业的其他违法行为，由工商行政管理部门责令改正、没收直销产品和违法销售收入、处以罚款、吊销其分支机构营业执照直至由国务院商务主管部门吊销其直销经营许可证。

对直销员、直销培训员以及其他个人的违法行为，条例规定了没收直销产品和违法销售收入、罚款以及责令直销企业撤销其直销员或者直销培训员资格等行政处罚。

（二）监管失职

对直销企业和直销员及其直销活动实施监督管理的有关部门及其工作人员，对不符合《直销管理条例》规定条件的申请予以许可或者不依照条例规定履行监督管理职责的，对直接负责的主管人员和其他直接责任人员，依法给予行政处分；构成犯罪的，依法追究刑事责任。对不符合条例规定条件的申请予以的许可，由作出许可决定的有关部门撤销。

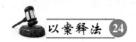

以案释法 24

直销员与直销企业的法律关系

2011年7月，重庆某区某公司九个直销员乘大巴车到二百里以外的地方参加培训学习。不幸，大巴车在中途发生交通事故。五人遇难，四人受伤。死者家属悲痛之余到相关劳动保障部门申请工伤认定。劳动保障部门认为直销员与直销企业劳动法律关系不明确，作出不予受理的决定。死者家属不服，向人民法院提起诉讼

释解

依照法律，认定工伤的前提是员工与单位形成劳动关系。对于该案例，直销员与直销企业是否形成劳动关系，是本案的焦点。根据《直销管理条例》与《禁止传销条例》，国家只允许单层直销。对于多层销售的，应当依法认定为传销。如此，直销员就可以认为是由直销企业招募的营销人员，实际上就是直销企业的员工，只是员工的工作岗位是销售人员，与传统企业的营销部门的销售员没有区别，可见直销员与直销企业存在劳动关系。

当前中国境内依法设立的直销企业，也存在明显违法之处：几乎都是多层次计酬；区域突破了法律的限制；直销员手上没有直销合同和直销员证；规避法律。直销企业要求直销员到工商部门和税务部门办理工商营业执照与税务登记证，将之视为独立的加盟商，与直销企业没有其他法律关系，只是产品提供商与加盟销售店的关系。这样，一旦直销员与直销企业发生劳动纠纷，直销企业可以依照工商、税务证件抗辩称，直销员是独立承担法律责任的经营实体。但是，从本质上来说，直销员都是个人，虽然有营业执照，也不能招募员工。即使招募的员工，也是直销员。他们与直销企业相比，都是弱势群体。可见，直销企业要求直销员登记办证的行为，实际上是在以合法的形式掩盖非法目的，是在规避法律，因此不能以工商税务手续否认员工的本质。

因此，该案中应当根据《直销管理条例》、《禁止传销条例》、劳动法、民法通则

等法律法规的精神，确认属于劳动关系范畴，以工伤法律法规或者非法用工的规定，责令直销单位赔偿。

未经批准违法从事直销

2015年2月，廖某在长沙市某区经营一家日用品店，该店销售某商贸有限公司生产的洗衣液、厨房清洁剂等系列产品。在经营过程中，该商贸有限公司招募廖某为直销员，对其进行培训后要求其将所经营的该公司的系列产品直接上门推销给终端消费者郭某、唐某等三十多人，截至10月案发，销售金额将近30万元，后经举报，工商行政部门介入调查，并依法对其作出行政处罚。

根据《直销管理条例》规定，要从事直销活动，直销企业应当通过所在地省、自治区、直辖市商务主管部门向国务院商务主管部门提出申请。符合条件的由商务主管部门颁发直销经营许可证。本案中该商贸公司未经申请批准不具有直销企业资格，招募廖某为直销员，销售其公司的产品，违法了法律规定。廖某不具有直销员资格从事直销销售活动，也属违法行为。

因此，工商行政执法人员可以依据《直销管理条例》第三十九条规定，未经批准从事直销活动的，由工商行政管理部门责令改正，没收直销产品和违法销售收入，处5万元以上30万元以下的罚款；情节严重的，处30万元以上50万元以下的罚款，并依法予以取缔；构成犯罪的，依法追究刑事责任，作出相应的行政处罚。

第五节　粮食流通管理

一、粮食流通管理概述

2004年5月19日，国务院第50次常务会议通过《粮食流通管理条例》，并于2013年7月18日根据《国务院关于废止和修改部分行政法规的决定》进行了修改。

（一）适用范围

《粮食流通管理条例》第二条规定，在中华人民共和国境内从事粮食的收购、销售、储存、运输、加工、进出口等经营活动，应当遵守条例规定。

粮食是指小麦、稻谷、玉米、杂粮及其成品粮。

粮食经营者指从事粮食收购、销售、储存、运输、加工、进出口等经营活动的法人、其他经济组织和个体工商户。

粮食收购指为了销售、加工或者作为饲料、工业原料等直接向种粮农民或者其他粮食生产者批量购买粮食的活动。

（二）立法目的

《粮食流通管理条例》第一条规定了立法目的，即为了保护粮食生产者的积极性，促进粮食生产，维护经营者、消费者的合法权益，保障国家粮食安全，维护粮食流通秩序。

二、工商行政监管职责

根据《粮食流通管理条例》第三十七条规定，工商行政管理部门依照有关法律、行政法规的规定，对粮食经营活动中的无照经营、超范围经营以及粮食销售活动中的囤积居奇、欺行霸市、强买强卖、掺杂使假、以次充好等扰乱市场秩序和违法违规交易行为进行监督检查。具体包括：

（一）粮食经营资格的管理

取得粮食行政管理部门粮食收购资格许可的，应当依法向工商行政管理部门办理设立登记，在经营范围中注明粮食收购；已在工商行政管理部门登记的，从事粮食收购活动也应当取得粮食行政管理部门的粮食收购资格许可，并依法向工商行政管理部门办理变更经营范围登记，在经营范围中注明粮食收购。

凡未经粮食行政管理部门许可或者未在工商行政管理部门登记擅自从事粮食收购活动的，由工商行政管理部门按照《粮食流通管理条例》的规定进行处罚。

从事跨地区粮食收购的，需持有效粮食收购资格证明副本和营业执照副本，到收购地县级粮食行政管理部门和工商行政管理部门备案后，方可从事粮食收购活动。

（二）粮食经营行为管理

执行国家有关粮食质量、卫生标准等规定，查处粮食经营活动中违反规定使用添加剂、使用发霉变质的原粮或副产品进行加工、粮食包装材料不符合质量卫生要求、掺杂使假、以次充好、短斤少两、囤积居奇、垄断或操纵粮食价格、欺行霸市等违法违章行为。

（三）陈化粮市场管理

为贯彻落实《粮食流通管理条例》和《国务院关于进一步深化粮食流通体制改革的意见》的精神，依法做好粮食流通监督检查工作，规范和指导粮食流通监督管理，维护粮食流通秩序，保护粮食生产者的积极性，维护经营者、消费者的合法权益。2004年12月1日，国家发展和改革委员会、国家粮食局、财政部、卫生部、国家工商行政管理总局、国家质量监督检验检疫总局联合下发了《粮食流通监督检查暂行办法》。

该办法第二十七条第二款规定："倒卖陈化粮或者不依照规定使用陈化粮的，由工商行政管理部门没收非法倒卖的粮食，并处非法倒卖粮食价值20%以下的罚款，有陈化粮购买资格的，由省级人民政府粮食行政管理部门取消陈化粮购买资格；情节严重的，由工商行政管理部门并处非法倒卖粮食价值1倍以上5倍以下的罚款，吊销营业执照；构成犯罪的，依法追究刑事责任。"

1. 陈化粮

陈化粮是指超过正常储存年限，经过有资质的粮食质量检验机构对储存品质指标进行质量鉴定，已陈化变质、不符合食用卫生标准的粮食。凡属超过正常储存年限的陈粮，在出库前必须经过有资质的粮食质量检验机构进行质量鉴定，对鉴定为陈化粮的，由当地质量技术部门和粮食部门负责实行封存，定向加工处理，严防流入口粮市场。未经国家有关部门批准，企业不得擅自销售处理陈化粮。

2. 工商行政管理部门的具体监管职责

（1）会同粮食部门负责对陈化粮销售、运输、使用环节的监管，确保陈化粮运到销售合同标明的目的地并按规定用途使用。

（2）对陈化粮购买资格的监管。由省级粮食行政管理部门会同工商行政管理部门根据饲料、酒精生产企业的规模和每年粮食消耗量的情况，核发《陈化粮购买资格认定书》。

（3）陈化粮销售的监管。陈化粮实行面向最终用户的定向销售政策，中间不允许倒卖、平价转让或者转让交易合同。最终用户只有饲料和酒精生产企业。凡陈化粮发货后，未能在一个月运抵合同标明到货地的（突发事件除外），一律按倒卖陈化粮处理。工商行政管理部门可通过要求陈化粮购买企业在陈化粮出入库时分别填写《陈化粮出库告知单》和《陈化粮入库告知单》的方式，由陈化粮销售地和到达地的工商行政管理机关派员监督陈化粮的出库和入库，防止倒卖陈化粮行为的发生。为防止企业超量购买陈化粮（国家规定：企业每次陈化粮购买不能超过企业半年的粮食消化量，全年购买量不得超过全年粮食消化量），国家实行保证金制度。购粮企业在所购陈化粮运到企业后，要及时向所在地粮食行政管理部门和工商部门报告，经粮食行政管理部门和工商部门现场验明无误后，由工商部门开具证明，销货地省级粮食行政管理部门根据有效运输凭证、入库单据和工商部门开具的证明，将保证金返还购粮企业。

（4）对陈化粮使用行为的监管。工商行政管理机关要严格查验购粮企业的生产加工情况。一是要求购粮企业销售饲料、酒精时，必须使用正规的发票；二是要经常到企业现场监督，确认生产情况；三是检查企业的水、电费用，设备维护费用，工人工资情况，从生产成本中证实企业生产状况。对提供不出生产加工的有效证明的，视为倒卖陈化粮。

非法加工销售霉变米被处罚

广东人刘某在某区某街某村租用仓库经营和管理一家大米加工厂，将从湖南、广西、江西等地运来的原料米加工分装成各种牌子的袋装米，在广州市的各大粮油批发市场及外地销售。工商行政管理部门接到群众举报，联合产品质量监督部门、卫生部门执法检查，发现该厂260多吨未加工的原料大米、成品米，发生不同程度的霉变，随即抽样送检。检验结果发现该批大米的黄曲霉素B1不符合国家食品卫生标准，抽样合格率仅为20.63%。调查还发现，该批大米已经进入销售领域。随后顺藤摸瓜，发现经销商陈某，年初从该大米加工厂，低价进了一批已经霉变大米10吨，已在广州市各大粮油食品批发市场销售了2吨大米。执法人员还发现经销商陈某的粮食批发许可证已经过期失效。

释解

根据《粮食流通管理条例》第三十七条的规定，工商行政管理部门依照有关法律、行政法规的规定，对粮食经营活动中的无照经营、超范围经营以及粮食销售活动中的囤积居奇、欺行霸市、强买强卖、掺杂使假、以次充好等扰乱市场秩序和违法违规交易行为进行监督检查，以及《粮食流通监督检查暂行办法》第二十九条的规定，粮食经营者未依照《粮食流通管理条例》规定使用粮食仓储设施、运输工具的，由粮食行政管理部门或者卫生部门责令改正，给予警告；被污染的粮食不得非法加工、销售。非法销售、加工被污染粮食的，由有关部门依法查处。执法人员随即查封了该大米加工厂，并扣押了加工厂和经销商的袋装的原料大米、成品米共270多吨及各种大米包装袋，工商部门吊销加工厂和经销商的营业执照，并将刘某和陈某移交公安局，两人的行为均已触犯刑法第一百四十三条，涉嫌构成了生产销售不符合卫生标准的食品罪，将由公安机关对犯罪事实作进一步侦查。

第八章

商标监管

商标不仅是用来区别不同商品的标志，更是企业的无形资产，潜藏着巨大的经济利益。商品的综合质量铸就了商标声誉的高低。商标声誉高低关系着企业市场竞争力的强弱。商标立法不仅保障消费者在市场上认牌购货，不会产生混淆和误认，而且对国家经济品牌发展具有重大意义。国家在保护商标方面的法律主要有商标法、不正当竞争法以及一些相应行政法规和规章。工商行政部门是商标注册、审议以及商标侵权执法的管理机关，在商标监管方面发挥着重要作用。

第一节　商标法概述

一、商标

商标是商品的生产者、经营者在其生产、制造、加工、拣选或者经销的商品上或者服务的提供者在其提供的服务上采用的，用于区别商品或服务来源的，由文字、图形、字母、数字、三维标志、声音、颜色组合，或上述要素的组合，具有显著特征的标志。经商标局核准注册的商标为注册商标，包括商品商标、服务商标和集体商标、证明商标；商标注册人享有商标专用权，受法律保护。

商标的基本特征包括：（1）商标是商品或服务上使用的特定标志；（2）商标具有显著性；（3）商标具有独占性；（4）商标具有价值，是一种无形资产；（5）商标是参与市场竞争的工具。

二、商标权

商标权是指商标所有人依法对其享有的商标进行支配的权利。商标权的主体指依法享有商标所有权的人。商标权的客体是注册商标。

商标权的特征：（1）商标权具有合法性；（2）商标权具有独占性，又称专有性或垄断性；（3）商标权具有地域性；（4）商标权具有时效性。

注册商标专用权的取得方式：（1）原始取得，也称直接取得，是指商标权由创设而来，不以市场存在的商标权为依据而产生。（2）继承所得，商标所有人的商标不是最初由商标注册机关授予，而是以市场存在的商标权为依据而获得的商标。主要的形式有合同转让和继承转让。

注册商标专有权的内容：（1）商标专用权；（2）商标禁止权；（3）商标转让权；（4）商标许可使用权。

三、商标法

商标法是调整因确认、保护、行使商标权和商标管理过程中所发生的社会关系的法律规范的总称。我国的商标法于1982年8月23日由五届全国人大常委会二十四次会议通过，分别于1993年、2001年、2013年进行了三次修正。

（一）商标法的立法宗旨

商标法的立法宗旨是为了保障消费者和生产、经营者的利益，促进社会主义市场经济的发展。

（二）商标法的主要作用

（1）强化商标管理，通过商标法的实施加强商标注册、商标使用、商标交易等各个环节的管理，维护良好的商标秩序。

（2）保护商标专用权，这是商标法的核心任务，通过确认和保护商标专用权的方式来达到其他目的。

（3）保证商品和服务质量，通过给商标使用人施加质量保证义务的方式来确保各种商品和服务的质量。

（4）维护商标信誉。通过商标法的实施，使商标具有良好的形象，特别是通过商标法来维护知名度较高的商标所应有的信誉。

（5）维护竞争秩序，通过商标法的实施打击各种假冒注册商标的行为、搭便车的行为和恶意抢注行为，创造良好的竞争风气，鼓励经营者通过自己的努力去树立商品形象。

（6）促进国际贸易，通过商标法的实施吸引国外好的商品进入中国市场，推动中国商品出口海外。

四、商标的注册和管理机关

国务院工商行政管理部门商标局主管全国商标注册和管理工作。

（一）商标局

商标局是国家工商行政管理总局所属的商标主管部门，是全国性的商标注册和管理的主管机关。负责全国所有的商标注册申请核准工作和其他重要的业务。其主要职责有：（1）受理和审查商标注册申请，代表国家对符合要求的商标注册申请核准注册，授予专用权，颁发《商标注册证》；（2）办理注册商标的转让、变更、续展注册和注销工作；（3）办理商标撤销等有关商标确权方面的工作；（4）办理商标使用许可的备案手续；（5）办理有关商标管理的其他事务；（6）指导各地的商标管理工作。

（二）商标评审委员会

商标评审委员会是国家工商行政管理总局设立的专门商标评审机构，它独立于商标局，有工商行政管理总局指定的主任委员和委员组成。其主要职责有：（1）对不服商标局驳回申请，不予公告的商标进行复审；（2）对不服商标局异议裁定的申请，进行复审；（3）对不服商标局驳回续展注册申请进行复审；（4）对不服商标局驳回转让注册商标的申请进行复审；（5）对不服商标局撤销注册商标决定的申请进行复审；（6）对已经注册商标有争议或者注册不当的商标进行复审。

五、商标的国际协定

保护商标的重要的国际公约和协定，主要有以下几项：

《保护工业产权巴黎公约》。《保护工业产权巴黎公约》（简称《巴黎公约》）是最早签订、成员国最广泛的保护商标权、专利权的一项综合性的国际条约。我国于1985年3月19日正式成为该公约的成员，从1997年7月1日起，《巴黎公约》开始在我国香港特别行政区生效。

《马德里协定》。《马德里协定》是根据《巴黎公约》的规定精神制定的关于商标国际注册的协定。只对《巴黎公约》成员国开放。我国于1989年10月4日加入该协议，适用于1967年斯德哥尔摩文本。

《尼斯协定》。《尼斯协定》全称为《商标注册用商品和服务国际分类尼斯协定》，是关于申请商标注册时对商品和服务如何分类的约定，其目的在于解决各国在商标注册方面因商品和服务分类差异对商标国际注册时所遭遇的不便。我国于1994年8月9日加入该协定。

《与贸易有关的知识产权协定》。《与贸易有关的知识产权协定》，简称 TRIPS 协定，是经过关税与贸易总协定乌拉圭回合谈判形成的世界贸易组织框架内的一个有关的知识产权的总协定。

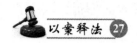

六个核桃商标争议维持注册案

争议商标"六个核桃"由姚某于2006年1月19日向商标局申请注册，核定使用商品为第32类无酒精饮料等商品上，于2009年6月28日获准注册，商标专用权期限至2019年6月27日。2008年4月15日该商标经商标局核准转让至某饮品股份有限公司。2013年11月15日，该饮品有限公司对该争议商标提出撤销注册申请。申请人称：争议商标使用在无酒精饮料等商品上，仅仅直接表示了指定使用商品的主要原料等特点。且争议商标使用时间较短，未通过使用获得商标应有的显著特征。故依据修改前的商标法第十条第一款等规定，请求撤销争议商标的注册。被申请人答辩称：争议商标为被申请人首创，通过长期使用和宣传，已为消费者所广泛认可，具有极高的知名度和影响力，取得了商标应有的显著特征，应予维持注册。

商标评审委员会经审理认为，从被申请人提交的大量销售、广告、合同发票凭证等证据可知，使用争议商标的产品的销售区域至少涉及全国13个省和直辖市，被申请人聘请了知名影视人员作为使用争议商标产品的形象代言人，并通过报纸、户外广告牌等方式对争议商标进行了大量宣传，争议商标经过使用获得了多项荣誉证书，并被河北省工商局认定为知名商品。上述证据可以证明争议商标通过广泛宣传和使用，已能够起到区分商品来源的作用，取得了商标应有的显著特征，并便于识别。因此，争议商标符合修改前的商标法第十一条第二款所规定之情形，并未违反修改前的商标法第十一条第一款之规定，应予维持注册。

商标法第十一条第二款规定，前款所列标志经过使用取得显著特征，并便于识别，可以作为商标注册。因此，对不具有固有显著特征的标志，如果商标的使用人能够提供证据证明该标志通过长期的宣传使用等，达到了相关公众能够通过该标志对商品来源加以识别的程度，则可以认定上述标志已获得了作为商标注册所要求的显著特征。

第二节　商标注册

一、商标注册

商标注册指商标的使用人为了取得商标专用权，将其使用或准备使用的商标，依据法律规定的条件和程序，向商标主管机关提出注册申请，经商标主管机关审核，予以注册的行为。

（一）商标注册的原则

1. 自愿注册与强制注册相结合原则

自愿注册原则是指商标所有人根据自己的需要和意愿，自行决定是否申请商标注册；强制注册原则是指国家对生产经营者在某些商品或服务上所使用的全部商标，规定必须经依法注册才能使用的强制性规定。

2. 申请在先原则

申请在先原则是指有两个或两个以上的申请人，在相同或者近似的商品上以相同或者近似的商标申请注册时，注册申请在先的申请人获得商标专用权，而在后的商标注册申请予以驳回。

3. 优先权原则

申请人在规定的展览会上首次展出使用或在国外第一次提出申请后一定期限内（6个月之内）在我国提出商标注册申请的，以首次展出日或在国外申请日为其在我国的申请日，该日期为优先权日。需要提出书面声明并提供证明材料。

（二）商标注册条件

1. 主体符合要求

申请人通常应当为从事商品生产经营活动的自然人、法人或其他组织，证明商标和集体商标除外。

2. 商品符合要求

使用商标的商品一般应当为法律允许经营的商品，申请人对于该商品应当具有经营权。

3. 构成要素符合要求

（1）下列不得作为商标使用：①同中华人民共和国的国家名称、国旗、国徽、国歌、军旗、军徽、军歌、勋章等相同或者近似的，以及同中央国家机关的名称、标志、所在地特定地点的名称或者标志性建筑物的名称、图形相同的；②同外国的国家名称、国旗、国徽、军旗等相同或者近似的，但经该国政府同意的除外；③同政府间国际组织的名称、旗帜、徽记等相同或者近似的，但经该组织同意或者不易误导公众的除外；④与表明实施控制、予以保证的官方标志、检验印记相同或者近似的，但经授权的除外；⑤同"红十字""红新月"的名称、标志相同或者近似的；⑥带有民族歧视性的；⑦带有欺骗性，容易使公众对商品的质量等特点或者产地产生误认的；⑧有害于社会主义道德风尚或者有其他不良影响的。

（2）下列标志不得作为商标注册：①仅有本商品的通用名称、图形、型号的；②仅直接表示商品的质量、主要原料、功能、用途、重量、数量及其他特点的；③其他缺乏显著特征的。

（3）未侵犯他人的在先权利。不与他人的注册商标相混同，不侵犯他人的著作权、专利权、企业名称专用权、驰名商标人的权利、姓名权、肖像权、正当竞争权等。

（三）商标注册程序

1.一般步骤

申请商标的一般步骤：

（1）注册申请。

（2）商标局的审查。商标注册审查有两方面：

形式审查，是对注册申请进行的与商标本身情况无关的、关于申请手续和程序是否符合商标法规定的审查。

实质审查，是对于申请注册的商标的文字、图形、含义及其客观效果等进行的审查，看其是否符合商标法和商标法实施条例的要求，据以作出驳回申请或者给予初步审定并公告的决定。

（3）初步审定并公告。

初步审定公告，经实质审查后，符合商标法有关规定的初步审查，对初步审查的商标在《商标公告》上进行公告三个月并接受商标异议。如果第三方对商标注册有异议，还要经过商标局异议审理，商标评审委员会争议审理等程序。

（4）核准注册。

核准注册，指初步审定的商标在公告期满无异议或者经裁定异议不能成立的，商标局予以正式核准注册，发给《商标注册证》的法律事实。

2.期限

注册商标的期限，也叫商标的有效期，是指注册商标具有法律效力并受到法律保护的期限。我国注册商标的有效期为十年，自核准注册之日起计算。

3.续展

注册商标的续展：指通过法定程序，延长注册商标的有效期，是商标注册人继续保持其注册商标的专用权。在注册商标有效期届满前6个月至有效期届满之后6个月的时间之内可以提出申请。

二、商标的转让

商标的转让指商标所有人在法律允许的范围内，根据自己的意愿按一定的条件，将其注册商标转移给他人所有，并由其专用。原商标所有人称为转让人，接受一方称为受让人。注册商标的转让形式有合同转让和继承转让两种。

（一）注册商标转让的原则

1.连带转让原则

连带转让原则，指商标权人在转让其注册商标时，必须连同使用该注册商标的企业信誉，或者连同使用该注册商标的企业一起转让，而不能只转让其注册商标而不转让使用该注册商标的企业或企业的信誉。

2.自由转让原则

自由转让原则，指商标权人既可以连同其企业转让注册商标，也可以将注册商标与企业分开转让。

（二）注册商标的使用许可

注册商标的使用许可指注册商标所有人通过签订使用许可合同，以一定条件允许他人在一定期限内使用其注册商标。使用许可的分类包括：

1.独占使用许可

即商标注册人在约定的期间、地域和以约定的方式，将该注册商标仅许可一个被许可人使用，商标注册人依约定不得使用该注册商标。

2.排他使用许可

即商标注册人在约定的期间、地域和以约定的方式，将该注册商标仅许可一个被许可人使用，商标注册人依约定可以使用该注册商标，但不得另行许可他人使用该注册商标。

3.普通使用许可

即商标注册人在约定的期间、地域和以约定的方法，许可他人使用其注册商标，并可自行使用该注册商标和许可他人使用其注册商标。

以案释法 28

某品牌茶叶商标异议复审

A茶叶公司向国家工商行政管理总局商标局（简称商标局）申请某品牌茶叶商标（异议商标），指定使用商品为第30类3002类似群组的茶、冰茶、茶饮料、茶叶代用品。商标局经审查，作出《商标驳回通知书》，被异议商标不予核准注册。

该茶叶公司不服，向商标评审委员会提出复审。商标评审委员会认定被异议商标可以起到区分商品来源的作用，不会误导公众，予以初步审定。在公告期内B茶叶公司向商标局提出异议申请，商标局经审查作出商标异议裁定书，认为该品牌茶叶不是红茶的品种名称，亦未直接表示商品的主要原料、特点、不会导致消费者的误认，裁定被异议商标予以核准注册。

B茶叶公司不服商标局的裁定，向商标评审委员会提起复审，主要理由为：1.该茶叶品牌一名源于2005年，由两位北京茶客取名，取茶师名字中的一字，茶叶外形一字，茶叶品质一字而得名。2.被异议商标违反商标法第十一条，下列标志不得作为商标注册：（一）仅有本商品的通用名称、图形、型号的；（二）仅直接表示商品的质量、主要原料、功能、用途、重量、数量及其他特点的。

该品牌属于一种红茶的品种之一，属于商品的通用名称，直接表示了商品的原料和生产工艺，若允许其注册，将损害公共利益。B茶叶公司请求裁定被异议商标不予核准注册。

2012年12月3日，A茶叶公司向商标评审委员会提交商标异议复审答辩书，提供大量证据用以证明该茶叶品牌并非国家地理标志保护产品，系由其法定代表人首创研发并使用在第30类"茶"等相关产品上的商标，A茶叶公司坚持宣传、维护自身商标权益。

2013年1月4日，商标评审委员会作出《商标异议复审裁定书》，裁定被异议商标予以核准注册。B茶叶公司不服商标评审委员会作出的裁定，向人民法院提起行政诉讼。

 释解

商标注册是商标受法律保护的必经程序。该茶叶品牌能否被注册成企业商标，争议焦点在于，该品牌名称是否属于茶等商品的通用名称？

根据商标法第十一条第一款第（一）项的规定，商品的通用名称不得作为商标注册。商品的通用名称分为法定的通用名称和约定俗成的通用名称。法定通用名称，是指依据法律规定或者国家标准、行业标准确定的商品通用名称。在相关国家标准、地方标准、行业标准中，均未将该茶叶品牌作为商品的通用名称予以收录。本案中，根据各方当事人提交的证据材料，截至第53057号裁定作出的2013年1月4日，该茶叶品牌并未被我国相关法律或者国家标准、行业标准作为商品的通用名称使用，因此，依据现有证据，不能认定该品牌为茶等商品的通用名称。

需要注意的是，没有法定的通用名称，约定俗成的通用名称，也可以认定为通用名称。什么是约定俗成的名称呢？一般以全国范围内相关公众的通常认识为判断标准。由于历史传统、风土人情、地理环境等原因形成的相关市场较为固定的商品，在该相关市场内通用的称谓，即是约定俗成的通用名称。

该茶叶品牌尽管没有被直接收入地理标志产品中，但是已经由某市人民政府以及该省质量技术监督局确认为当地茶叶二级分类产品名称，作为红茶新产品名称存在。可见，相关公众普遍认为该茶叶品牌指代一类有别于其他红茶的新产品而非用以区别红茶来源。经过多年来市场发展，已被消费者、茶商等普遍认同为一种红茶新产品，从而演变为约定俗成的通用名称。这也是判断该茶叶品牌最终能否被注册为商标，是否会侵犯其他商业权人的利益的重要因素。

第三节　商标侵权

商标侵权是指行为人未经商标权人许可，在相同或类似商品上使用与其注册商标相同或近似的商标，或者其他干涉、妨碍商标权人使用其注册商标，损害商标权人合法权益的其他行为。

一、侵权行为

根据商标法第五十七条规定，下列情节均属侵犯注册商标专用权：（1）未经商标注册人的许可，在同一种商品上使用与其注册商标相同的商标的；（2）未经商标注册人的许可，在同一种商品上使用与其注册商标近似的商标，或者在类似商品上使用与其注册商标相同或者近似的商标，容易导致混淆的；（3）销售侵犯注册商标专用权的商品的；（4）伪造、擅自制造他人注册商标标识或者销售伪造、擅自制造的注册商标标识的；（5）未经商标注册人同意，更换其注册商标并将该更换商标的商品又投入市场的；（6）故意为侵犯他人商标专用权行为提供便利条件，帮助他人实施侵犯商标专用权行为的；（7）给他人的注册商标专用权造成其他损害的。

二、商标侵权行为法律责任

（一）民事责任

（1）责任形式。商标法规定的商标侵权的民事责任形式主要是停止侵害和赔偿损失。

（2）赔偿数额。包括侵权所得（为侵权人在侵权期间因侵权所获得的利益）、实际损失（为被侵权人在被侵权期间因被侵权所受到的损失，包括被侵权人为制止侵权行为所支付的合理开支）或定额赔偿（侵权人因侵权所得利益，或者被侵权人因被侵权所受损失难以确定的，由人民法院根据侵权行为的情节判决给予50万元以下的赔偿）。

（二）行政责任

（1）工商行政管理部门对于商标侵权行为可以责令立即停止侵权行为，没收、销毁侵权商品和侵权工具，并可处以罚款（非法经营额3倍以下或10万元以下）。

（2）工商行政管理机关的查处职权。县级以上工商行政管理部门根据已经取得的违法嫌疑证据或者举报,对涉嫌侵犯他人注册商标专用权的行为进行查处时,可以行使询问当事人、查阅复制相关资料、现场检查、查封或扣押相关物品等职权。

（三）刑事责任

对于假冒注册商标,伪造、擅自制造他人注册商标标识或销售伪造、擅自制造的注册商标标识,销售明知是假冒注册商标的商品,伪造、变造《商标注册证》等行为,可以依刑法追究刑事责任。

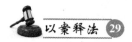

"傍名牌"构成不正当竞争

2013年10月19日,上海市工商行政管理局金山分局对某公司存放在仓库内的某品牌系列化妆品进行了现场检查。经检查,在该系列化妆品的外包装上印有法国某集团有限公司授权监制字样,化妆品容器上贴有法国某集团有限公司字样的标签。另发现,该公司在其招商手册中,每页都写有"源自法国的顶级品牌",使用了法国某集团有限公司的企业名称;在网站上出现了"法国某集团有限公司""源自法国的顶级品牌"等内容,并在报纸上投入广告大肆宣传。

根据上述检查发现,上海市工商行政管理局金山分局认定该公司生产、销售的化妆品,违反了反不正当竞争法第五条第三项的规定,遂依据反不正当竞争法和产品质量法的相关规定,对原告作出罚款45万元和没收涉案化妆品的行政处罚决定。该行政处罚决定作出后,原告不服,向人民法院提起行政诉讼。

法院查明,原告法定代表人曾在香港注册登记了法国某集团有限公司。同年,在国家商标局注册了该商标。而且,法国某集团有限公司确实与该公司签署了授权书,授权原告作为该集团下属某品牌在中国的全权代理,并允许原告宣传使用该集团公司的企业徽标、企业名称、公章等。其后,该公司委托一家印刷品公司,印制标有"法国某集团有限公司授权监制"等字样的某品牌化妆品外包装。同时委托另一家生物科技有限公司代为加工该品牌系列化妆品,并向该公司提供加工上述化妆品的内外包装及配套材料,并将"法国某集团有限公司"字样的商品投入流通市场。

经查明,法国某股份有限公司成立于1907年,是一家以生产美容美发产品并提供相应服务为主的知名法国公司。20世纪90年代,该品牌化妆品进入中国市场时,该品牌用于其企业字号和注册商标。2006年6月,国家商标局在一份商标异议裁定中,认定该品牌商标为驰名商标。

上海该公司是否构成不正当竞争?

释解

　　如何判定上海该公司的行为构成擅自使用他人的企业名称?

　　这里，必须明确几个问题：一是使用者与被使用者一般存在同业竞争关系；二是该使用行为未征得被使用人的许可，属擅自使用行为；三是该企业名称在市场上具有一定的知名度，为相关的公众所知悉；四是该使用行为容易使人误认为是被使用人的商品。显然，本案中，该公司使用的企业名称中含有某品牌这一知名字号，并且完全符合上述特征。

　　另外，该公司在境外登记的企业名称在境内不能规避在国家的法律适用。在我国，对于将驰名商标作为企业名称登记受到法律限制。本案中，尽管该公司在香港利用企业登记自由，成立法国某集团有限公司，但它在中国内地从事经营活动则必须遵守中国内地的法律规定。而且，法国某集团有限公司的该授权系关联企业间的授权，是授予某品牌系列化妆品使用，而该公司实际使用中将这一品牌与"法国某集团有限公司"等不规范连用，造成与该品牌化妆品混淆。该公司使用"法国某集团有限公司"的企业名称，不但含有驰名商标某企业字号的核心文字，还在包装容器上标注了法文标记，该商标与该品牌注册商标相近；原告的上述行为再结合在其招商手册、网站上以"法国某集团有限公司"名义所作宣传，已足以使消费者产生混淆和误解。综上所述，该公司的行为构成不正当竞争。

第四节　商标权保护

　　我国商标法以注册商标的专用权为保护对象。注册商标的专用权，以核准注册的商标和核定使用的商品为限。注册商标所有人无权任意改变商标的组成要素，也无权任意扩大商标的使用范围。对于不涉及商标权保护范围的使用行为，则不作为侵权行为追究。

一、商标权保护的期限

　　商标权保护的期限是指商标专用权受法律保护的有效期限。我国注册商标的有效期为十年，自核准注册之日起计算。注册商标有效期满可以续展；商标权的续展是指通过一定程序，延续原注册商标的有效期限，使商标注册人继续保持其注册商标的专用权。

　　我国商标法规定，注册商标有效期满需要继续使用的，应当在期满前六个月内申请续展注册。每次续展注册的有效期为十年。续展注册经核准后，予以公告。

二、商标权法律保护程序

（一）行政程序

1. 异议程序

对于他人申请注册的商标，如果商标权人认为该商标侵犯了自己的商标权的，可以自商标局初步审定予以公告之日起3个月内向商标局提出异议申请；对于商标局就异议申请作出的裁定不服的，可以自收到裁定通知之日起15日内向商标评审委员会申请复审。

2. 注册商标争议程序

商标权人认为已经注册的商标侵犯了自己的商标权的，可以自该商标注册之日起5年内请求商标评审委员会裁定撤销该注册商标；对恶意注册的，驰名商标所有人不受5年的时间限制。

3. 侵权查处程序

对于其他商标侵权行为，商标权人可以请求当地工商行政管理机关依商标法和行政处罚法的规定进行处理；进行处理的工商行政管理部门也可以根据当事人的请求，可以就侵犯商标专用权的赔偿数额进行调解。

（二）司法程序

1. 民事诉讼程序

商标侵权，侵权人可以通过民事诉讼程序，要求停止损害，赔偿损失。

2. 行政诉讼程序

对于商标评审委员会就商标注册异议和注册商标争议所出的裁定商标权人不服的，可以自接到通知之日起30日内向人民法院提起行政诉讼。

3. 刑事诉讼程序

如果商标侵权行为构成犯罪的，商标权人可以依据刑事诉讼法的规定寻求司法机关打击这类商标侵权行为。

三、驰名商标的特殊保护

驰名商标，是国家工商行政管理局商标局，根据企业的申请，官方认定的一种商标类型，在国内为公众广为知晓并享有较高声誉。对驰名商标的保护不仅仅局限于相同或者类似商品或服务，就不相同或者不相类似的商品申请注册或者使用时，都将不予注册并禁止使用，因此驰名商标被赋予了比较广泛的排他性权利。而且"驰名商标"持有企业的公司名以及网址域名都会受到不同于普通商标的格外法律保护。

（一）驰名商标的认定

商标法第十四条规定，认定驰名商标应当考虑下列因素：（1）相关公众对该商标的知晓程度；（2）该商标使用的持续时间；（3）该商标的任何宣传工作的持续时间、程度和地理范围；（4）该商标作为驰名商标受保护的记录；（5）该商标驰名的其他因素。

（二）驰名商标保护的特殊程序

根据现行法律、法规、规章及最高人民法院的有关司法解释，企业获得驰名商标称号的法定途径有五种：

1. 直接申请国家工商行政管理总局商标局认定驰名商标

企业可以向当地工商局提出申请，并提交有关证明商标驰名的证据材料，由工商局调查核实后，逐级推荐上报，由商标局认定。

2. 在商标异议程序中一并向商标局申请认定驰名商标

商标法第十三条规定，为相关公众所熟知的商标，持有人认为其权利受到侵害时，可以依照商标法规定请求驰名商标保护。就相同或者类似商品申请注册的商标是复制、摹仿或者翻译他人未在中国注册的驰名商标，容易导致混淆的，不予注册并禁止使用。就不相同或者不相类似商品申请注册的商标是复制、摹仿或者翻译他人已经在中国注册的驰名商标，误导公众，致使该驰名商标注册人的利益可能受到损害的，不予注册并禁止使用。

3. 在商标侵权行政处理过程中，向工商行政管理机关申请认定驰名商标

商标法第十四条第二款规定，在商标注册审查、工商行政管理部门查处商标违法案件过程中，当事人依照商标法第十三条规定主张权利的，商标局根据审查、处理案件的需要，可以对商标驰名情况作出认定。

4. 在商标争议程序中一并向国家工商行政管理总局商标评审委员会申请认定驰名商标

商标法第十四条第三款规定，在商标争议处理过程中，当事人依照商标法第十三条规定主张权利的，商标评审委员会根据处理案件的需要，可以对商标驰名情况作出认定。

企业如果认为他人使用的商标侵犯自己的商标专用权，可以向案件发生地的市（地、州）以上工商行政管理部门提出禁止使用的书面请求，并提交证明自身商标驰名的有关材料。

5. 在商标侵权民事诉讼程序中申请人民法院依法认定驰名商标

商标法第十四条第四款规定，在商标民事、行政案件审理过程中，当事人依照商标法第十三条规定主张权利的，最高人民法院指定的人民法院根据审理案件的需要，可以对商标驰名情况作出认定。

另外，最高人民法院《关于审理商标民事纠纷案件适用法律若干问题的解释》第二十二条第一、二款规定："人民法院在审理商标纠纷案件中，根据当事人的请求和案件的具体情况，可以对涉及的注册商标是否驰名依法作出认定。认定驰名商标，

应当依照商标法第十四条的规定进行。"据此，企业的商标权利如果被他人侵犯，可以在向人民法院提起民事诉讼时，提交证明自己商标驰名的有关证据材料，一并申请法院认定自己的商标为驰名商标。

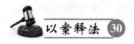

与驰名商标高度近似不予注册

徐某于2010年7月30日提出注册申请丰田丰商标，指定使用在第44类水龙头、地漏等商品上。2013年6月28日，丰田汽车公司不服商标局作出核准注册裁定，向商评委申请复审。申请人复审的主要理由为：申请人是世界最著名的汽车公司之一，其使用在第12类汽车及其零配件商品上的丰田商标于2006年被商标局认定为驰名商标。被异议商标完整包含申请人丰田商标，其注册和申请极易误导公众，并损害申请人驰名商标利益。因此，请求依据修改前的商标法第十三条第二款等规定，不予核准被异议商标的注册申请。对此，被申请人答辩称：申请人商标虽然在汽车行业曾被认定为中国驰名商标，但其跨类受保护应该是有限的，请求核准被异议商标的注册。

商标评审委员会经审理认为，申请人提供的相关宣传及使用证据可以证明，申请人丰田商标在被异议商标申请注册前在汽车及其零配件商品上经过申请人长期、广泛的使用与宣传，已在中国大陆地区建立了较高知名度及广泛的影响力，为相关消费者普遍知晓，已达到驰名商标的知名程度，根据商标法第十四条的规定可以认定为驰名商标。被异议商标丰田丰完整包含引证商标丰田，两商标高度近似。虽然被异议商标初步审定的水龙头、洗涤槽等商品与申请人丰田商标赖以驰名的汽车及其零配件商品并非密切相关，但是被异议商标的使用在客观上易使消费者与申请人丰田商标产生联想，从而削弱丰田商标作为驰名商标所具有的显著性和良好商誉，致使驰名商标所有人的利益受到损害。因此，被异议商标的注册使用构成商标法第十三条第三款所指的情形，对被异议商标不予核准注册。

第九章

广告监管

随着社会经济的发展，广告已深入社会的各个角落，成为商家营销不可缺少的手段。它在促进销售、繁荣经济等方面起着不可忽视的作用。同时，铺天盖地的广告也因为商业利益的驱动，商家的刻意渲染，变得真假难辨，引发误导消费者，造成不正当竞争的种种弊端。针对目前广告业存在的突出问题，全国人大常委会于2015年新修订了广告法，国务院以及国家工商管理总局相应出台了一系列广告监管的法规规章，诸如《广告管理条例》《户外广告登记管理规定》《广告经营许可证管理办法》《印刷品广告管理办法》等。工商行政部门在广告登记审查和广告违法行为查处方面行使职权。

第一节　广告法

一、概述

我国的广告法于1994年10月27日八届全国人大常委会十次会议通过，2015年4月24日十二届全国人大常委会十四次会议修订，自2015年9月1日起施行。针对当下虚假广告问题突出，广告监管薄弱问题，新广告法的颁布施行，对于促进广告业的健康发展，保护消费者的合法权益，维护社会经济秩序，发挥广告在社会主义市场经济中的积极作用具有重要意义。

（一）广告法

广告法所称广告，是指商品经营者或者服务提供者承担费用，通过一定媒体和形式直接或间接地介绍自己所推销的商品或者所提供的服务的商业广告。广告法是指调整广告活动过程中所发生的各种社会关系的法律规范的总称。

（二）广告法主体

广告主，是指为推销商品或者服务，自行或者委托他人设计、制作、发布广告的自然人、法人或者其他组织。

广告经营者，是指接受委托提供广告设计、制作、代理服务的自然人、法人或者其他组织。

广告发布者，是指为广告主或者广告主委托的广告经营者发布广告的自然人、法人或者其他组织。

广告代言人，是指广告主以外的，在广告中以自己的名义或者形象对商品、服务作推荐、证明的自然人、法人或者其他组织。

（三）广告主体从事广告活动应遵守的原则

1.守法原则

守法原则是指广告主必须在自己的经营范围内推销商品和提供服务；广告经营者必须办理登记、取得经营资格、广告发布者办理兼营广告的登记、取得发布资格等。

2.公平原则

公平原则应本着公平的观念进行广告活动，如订立广告合同时，双方应公平地享有权利和承担义务。一方不应利用本身的优势，或者利用对方没有经验，致使双方的权利义务明显地违反公平原则。如果广告合同显失公平，一方有权请求人民法院或仲裁机构予以变更或撤销。

3.诚实信用原则

诚实信用原则是指以善意的方式履行自己的义务，不得规避法律和合同。

二、违法广告行为

违法广告行为是广告主、广告经营者、广告发布者在广告活动中违反广告管理法律法规和其他法律法规的规定，造成某种危害社会或国家行政管理秩序的有过错的行为。广告违法行为的特征：有社会危害性；违反我国广告法律法规；广告违法行为是有过错的行为。具体包括：

（一）主体资格违法

广告主体资格违法是指广告主、广告经营者、广告发布者未取得合法主体资格的情况下，擅自参与广告活动的违法行为。具体情形包括：（1）广告主未取得法人资格或法人资格不完备，如食品生产企业只有营业执照，没有卫生许可证等；（2）广告主从事的广告活动与其经营范围不符；（3）未依法取得企业法人登记或广告经营登记；（4）经营过程中超范围经营广告业务。如报社擅自从事户外广告经营业务。

（二）经营行为违法

经营行为违法主要表现在：（1）广告参与者在广告活动中采取不正当竞争的行

为；（2）经营、发布欺骗性广告；（3）经营、发布违禁广告，即经营、发布禁止生产、销售的商品或服务，以及禁止发布广告的商品或服务所作的广告；（4）经营、发布未经审查的广告等。

（三）发布行为违法

发布行为违法主要是指广告内容或表现形式违法。发布行为违法主要表现：（1）广告内容虚假夸大，广告内容侵权；（2）广告内容违反禁止性规定；（3）广告表现形式违法。

三、违法广告行为法律责任

根据广告法、广告管理条例的规定，广告违法行为的法律责任主要包括行政责任、民事责任和刑事责任。

（一）行政责任

广告当事人违反广告行政法律规范或不履行行政法律义务时，要接受广告管理机关的行政处罚或处分。这些行政处罚措施有：责令改正；停止发布广告；公开更正；罚款；没收广告费用；停止广告业务；吊销营业执照或广告经营许可证等。对于广告监督管理机关和广告审查机关人员玩忽职守滥用职权、徇私舞弊的，给予行政处分。

（二）民事责任

依照广告管理法规，广告当事人在广告活动中发布虚假广告，欺骗或误导消费者，损害消费者合法权益的以及在广告中有其他侵权行为的应承担民事法律责任。

（三）刑事责任

广告法规对发布虚假广告，违反广告法关于广告内容的基本要求以及广告禁止的情形，伪造、变造广告审查决定文件以及广告监督管理机关和广告审查机关人员的渎职行为构成犯罪的，依法追究刑事责任。

四、工商部门对广告活动的监督管理

（一）监督管理机关

国务院工商行政管理部门主管全国的广告监督管理工作，国务院有关部门在各自的职责范围内负责广告管理相关工作。

县级以上地方工商行政管理部门主管本行政区域的广告监督管理工作，县级以上地方人民政府有关部门在各自的职责范围内负责广告管理相关工作。

（二）广告经营者、发布者的审查、登记

从事广告经营，应具备必要的专业技术人员、制作设备，并依法办理公司或者广告经营登记，方可从事广告活动。广播电台、电视台、报刊出版单位从事广告发布业务的，应当设有专门从事广告业务的机构，配备必要的人员，具有与发布广告相适应的场所、设备，并向县级以上地方工商行政管理部门办理广告发布登记。

广告有下列内容之一的，不得刊播、设置、张贴：（1）违反我国法律、法规

的；（2）损害我国民族尊严的；（3）有中国国旗、国徽、国歌标志、国歌音响的；（4）有反动、淫秽、迷信、荒诞内容的；（5）弄虚作假的；（6）贬低同类产品的。

（三）确立广告审查制度

广告法第四十六条规定，发布医疗、药品、医疗器械、农药、兽药和保健食品广告，以及法律、行政法规规定应当进行审查的其他广告，应当在发布前由有关部门对广告内容进行审查；未经审查，不得发布。

（四）对广告违法行为行政处罚

工商总局发布的《广告经营许可证管理办法》第二十条规定，违反办法规定的，由广告监督管理机关按照如下规定处罚：

（1）未取得《广告经营许可证》从事广告经营活动的，依据国务院《无照经营查处取缔办法》的有关规定予以处罚。

（2）提交虚假文件或采取其他欺骗手段取得《广告经营许可证》的，予以警告，处以五千元以上一万元以下罚款，情节严重的，撤销《广告经营许可证》。被广告监督管理机关依照本项规定撤销《广告经营许可证》的，一年内不得重新申领。

（3）《广告经营许可证》登记事项发生变化未按办法规定办理变更手续的，责令改正，处以一万元以下罚款。

（4）广告经营单位未将《广告经营许可证》正本置放在经营场所醒目位置的，责令限期改正，逾期不改的，处以三千元以下罚款。

（5）伪造、涂改、出租、出借、倒卖或者以其他方式转让《广告经营许可证》的，处以三千元以上一万元以下罚款。

（6）广告经营单位不按规定参加广告经营资格检查、报送广告经营资格检查材料的，无正当理由不接受广告监督管理机关日常监督管理的，或者在检查中隐瞒真实情况或提交虚假材料的，责令改正，处以一万元以下罚款。

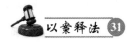 以案释法 31

利用微信平台发布违法广告

工商执法人员在位于平昌县某地门店现场检查时，发现店主牟某销售的皮鞋等产品正在开展促销活动。经查明：牟某2014年4月9日开业，2015年1月1日，利用其所在市场开通的微信平台做广告，并在其门市右侧，竖立长0.8米，宽1.45米的广告牌，广告牌上写着"你扫码、我送钱，扫码就送300元""年终福利，马上有惊喜，新品8折封顶，满500元立减100元，满300元立减50元"的广告语。

经调查，在促销活动中卖家所谓的"送钱300"，送的是代金券：送一张100元、两张50元、两张30元、两张20元。赠送的代金券在两年内按不同购买时间消费，每次购买时只能消费一张。消费时按购买的产品8折计算，如果购买商品的价格在500元以上的就可以使用100元的代金券一张，价格在300元以上500元以下的就可以使用50元的代金券一张，价格在200元以上300元以下的就可以使用30元的代金券一张，特价商品就可以使用20元的代金券一张。并未向消费者送过现金。

 释解

当事人上述行为的广告用语表述上不够清楚、明白，让消费者误认为扫码送钱就是送现金。其行为违反了广告法第八条第一款"广告中对商品的性能、功能、产地、用途、质量、成分、价格、生产者、有效期限、允诺等或者对服务的内容、提供者、形式、质量、价格、允诺等有表示的，应当准确、清楚、明白"的规定。工商执法人员责令其停止该违法行为，并给予行政处罚2000元的罚款。

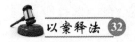 **以案释法** 32

某化妆品广告夸大宣传违法

上海某化妆品有限公司于2015年9月在上海某电视频道发布了该公司一款"晒美白"产品的广告，共16次，其中硬广告4次，标版12次，支付广告费用共计55万元。该广告含有"越晒越白，越晒越润"内容，宣称该化妆产品能使皮肤越晒越白。专家表示，目前皮肤美容业界没有发现任何成分可以起到在太阳下"越晒越白，越晒越润"的作用，皮肤越晒越白的宣传违反科学常识。同时，该化妆品有限公司也承认"晒美白"这款产品无法真正改善肤质、使皮肤越晒越白。

 释解

现下化妆品广告铺天盖地，虚假夸大宣传充斥其间，引起许多消费者的不满。该化妆品公司违反科学常识，发布广告，误导消费者，已经违反了广告法第四条"广告不得含有虚假或者引人误解的内容，不得欺骗、误导消费者"的规定，构成发布虚假广告。根据广告法第五十五条规定，发布虚假广告的，由工商行政管理部门责令停止发布广告，责令广告主在相应范围内消除影响，处广告费用三倍以上五倍以下的罚款，广告费用无法计算或者明显偏低的，处二十万元以上一百万元以下的罚款。

工商局对该化妆品有限公司作出停止发布上述违法广告并以等额广告费用在相应范围内公开更正消除影响、罚款80万元的行政处罚。

第二节　户外广告登记管理

《户外广告登记管理规定》（国家总局第25号令）自2006年7月1日起施行，规定户外广告发布单位发布户外广告应当依法向工商行政管理机关申请登记，接受工商行政管理机关的监督管理。

一、户外广告登记

发布下列广告应当依照本规定向工商行政管理机关申请户外广告登记，领取《户外广告登记证》：（1）利用户外场所、空间、设施发布的，以展示牌、电子显示装置、灯箱、霓虹灯为载体的广告；（2）利用交通工具、水上漂浮物、升空器具、充气物、模型表面绘制、张贴、悬挂的广告；（3）在地下铁道设施，城市轨道交通设施，地下通道，以及车站、码头、机场候机楼内外设置的广告；（4）法律、法规和国家工商行政管理总局规定应当登记的其他形式的户外广告。

二、申请户外广告登记的条件

申请户外广告登记，应当具备下列条件：（1）户外广告发布单位依法取得与申请事项相符的主体资格；（2）户外广告所推销的商品和服务符合广告主的经营范围或业务范围；（3）户外广告发布单位具有相应户外广告媒介的使用权；（4）广告发布地点、形式符合当地人民政府户外广告设置规划的要求；（5）户外广告内容符合法律法规规定；（6）按规定应当经有关行政主管部门批准的，当事人已经履行相关审批手续；（7）法律、法规和国家工商行政管理总局规定的其他条件。

三、申请户外广告登记所需材料

户外广告发布单位申请户外广告发布登记，应提交下列申请材料：（1）《户外广告登记申请表》；（2）户外广告发布单位和广告主的营业执照或者具有同等法律效力的经营资格证明文件；（3）发布户外广告的场地或者设施的使用权证明。包括场地或设施的产权证明、使用协议等；（4）户外广告样件；（5）法律、法规和国家工商行政管理总局规定需要提交的其他文件。

以案释法 33

未经登记擅自发布户外广告

2012年9月27日，某县工商局执法人员检查中发现某广告公司涉嫌未经登记擅自发布户外广告，当日经局长批准立案调查。经查明：当事人受一家装饰公司委托，于2012年4月27日至5月1日期间在一墙体上，发布"国庆有奖销售活动"户外广告，广告内容包括有奖销售所设奖项、中奖概率、最高奖金额、中奖者产生方式及装饰城的地址、电话等，并收取广告费用3000元。该户外广告未经工商机关登记，未领取户外广告登记证。

 释解

所谓的户外广告是指利用户外场所、空间、设施等发布的广告。《户外广告登记管理规定》调整户外广告发布单位，包括为他人发布户外广告的单位，以及发布户外广告进行自我宣传的单位和个人的违法广告发布行为。依据该规定，户外广告发布单位发布户外广告应当依法向工商行政管理机关申请登记，领取《户外广告登记证》，接受工商行政管理机关的监督管理。

当事人擅自发布户外广告的行为，违反工商部门的户外广告登记管理秩序，依法应予处罚。依据《户外广告登记管理规定》第十八条的规定"未经登记擅自发布户外广告的单位和个人，由工商行政管理机关没收违法所得，并处以三万元以下的罚款，限期补办登记手续。逾期不补办登记手续的，责令停止发布。"工商行政执法人员可以根据情节轻重，对该违法行为进行相应的行政处罚。

第三节　广告经营许可证管理

国家工商行政管理总局局务会议审议通过《广告经营许可证管理办法》，自2005年1月1日起施行。

一、广告经营许可证

广告经营的单位。从事广告经营的单位，必须获得《广告经营许可证》。从事广告业务的下列单位，应依照《广告经营许可证管理办法》的规定向广告监督管理机关申请，领取《广告经营许可证》后，方可从事相应的广告经营活动：(1)广播电台、电视台、报刊出版单位；(2)事业单位；(3)法律、行政法规规定应进行广告经营审批登记的单位。

《广告经营许可证》是广告经营单位从事广告经营活动的合法凭证，载明证号、广告经营单位（机构）名称、经营场所、法定代表人（负责人）、广告经营范围、发证机关、发证日期等项目，应当将正本置放在经营场所醒目位置，任何单位和个人不得伪造、涂改、出租、出借、倒卖或者以其他方式转让。

申请《广告经营许可证》应当具备以下条件：(1)具有直接发布广告的媒介或手段；(2)设有专门的广告经营机构；(3)有广告经营设备和经营场所；(4)有广告专业人员和熟悉广告法规的广告审查员。

二、申办程序

申办《广告经营许可证》应该由申请者向所在地有管辖权的县级以上广告监督管理机关呈报相关的申请材料。广告监督管理机关自受理之日起二十日内，作出是否予以批准的决定。批准的，颁发《广告经营许可证》；不予批准的，书面说明理由。

应当向广告监督管理机关报送下列申请材料：《广告经营登记申请表》；广告媒介证明，广播电台、电视台、报纸、期刊等法律、法规规定经批准方可经营的媒介，应当提交有关批准文件；广告经营设备清单、经营场所证明；广告经营机构负责人及广告审查员证明文件；单位法人登记证明。

三、广告经营许可证管理

国家工商行政管理总局主管《广告经营许可证》的监督管理工作。各级广告监督管理机关，分级负责所辖区域内《广告经营许可证》发证、变更、注销及日常监督管理工作。

（一）不得改变广告经营范围

广告经营单位应当在广告监督管理机关核准的广告经营范围内开展经营活动，未申请变更并经广告监督管理机关批准，不得改变广告经营范围。

（二）变更登记

单位名称、法定代表人（负责人）、经营场所发生变化，广告经营单位应当自该事项发生变化之日起一个月内申请变更《广告经营许可证》。

（三）注销登记

广告经营单位由于情况发生变化不具备《广告经营许可证管理办法》第七条规定的条件或者停止从事广告经营的，应及时向广告监督管理机关办理《广告经营许可证》注销手续。

第十章

消费者权益保护

随着市场经济的发展、消费需求的增加、消费市场的扩大，有关消费者权益的争端也出现与日俱增的态势。处于弱势的消费群体迫切要求保护自己的权益，消费者权益保护法律制度应运而生，并随之不断完善。消费者权益保护立法，体现了法律对弱者权益的维护，它侧重强调了消费者的权利、经营者的义务以及对侵权行为的法律追究。工商行政部门是市场执法的主要力量，肩负消费者权益保护的重要职责。

第一节　消费者权益保护

我国的消费者权益保护法于1993年10月31日八届全国人大常委会四次会议通过，分别于2009年、2013年进行了两次修订。

一、概述

（一）消费者及其权益保护

1.消费者

所谓消费者，是指为满足个人生活消费需要而购买、使用商品和接受服务的自然人。消费者的特征：（1）消费者是购买、使用商品或接受服务的自然人；（2）消费者消费的客体包括商品和服务；（3）消费者的消费方式包括购买、使用商品和接受服务；（4）消费者的消费是生活性消费。

2.消费者权益保护

（1）消费者权益是指消费者依法享有的权利以及该权利受到保护时给消费者带来的应得的利益，其核心是消费者的权利。

（2）消费者权益保护途径，即通过协商、调解、仲裁、司法接济等形式解决消费者权益争议，维护消费者权益争议，维护消费者在购买、使用商品或接受服务时的法定权利。

（3）消费者消费权益的解决。根据我国消费者权益保护法的规定，消费者与经营者发生消费权益争议的，可以通过下列途径解决：①与经营者协商解决。消费者权益争议发生后，消费者与经营者按照自愿、平等、公平、诚实信用的原则，通过摆事实、讲道理，协商达成和解协议，并全面履行，以此来解决争议的一种方式。②请求消费者协会调解。消费者经与经营者协商不成后，可向本人所在地的消费者协会或被投诉单位所在地的消费者协会投诉，请求消费者协会调解。③向有关行政部门申诉。向有关行政部门申诉，指消费者权益受到损害经与经营者协商解决不成后，可选择向有关行政部门申诉。④根据与经营者达成的仲裁协议提请仲裁机构仲裁。根据与经营者达成的仲裁协议提请仲裁机构仲裁，指消费者与经营者有约在先和争议发生后，双方和解和调解不能达成协议，据此提请仲裁机构查辨是非，分清责任，并作出具有法律约束力的裁决。⑤向人民法院提起诉讼。

（二）消费者权益保护法

消费者权益保护法，是指调整在保护消费者权益过程中发生的经济关系的法律规范的总称。

1.消费者权益保护的基本原则

消费者权益保护的基本原则，包括：（1）经营者应当依法提供商品或者服务；（2）交易应当遵循自愿、平等、公平、诚实信用的原则；（3）保护消费者的合法权益不受侵犯的原则；（4）社会监督的原则。

2.消费者权益保护法的体系

消费者权益保护法是调整消费者权益保护过程中发生的社会关系的法律规范的总称，其是一个全方位的法律保护规范体系。这个体系的主要内容是：

（1）消费者权益保护法为基本法，新食品安全法将在2015年10月1日正式实施。此次的修订被称为"史上最严"，新食品安全法针对近几年突出的奶粉、转基因食品、网购食品等问题都作了规定。

（2）消费者生命健康安全的法律规范，这类法律规范主要包括食品安全法、药品管理法等。

（3）维护消费交易公平的法律规范，这类法律规范主要包括反垄断法，反不正当竞争法，关于商品、服务、价格等方面以及消费合同管理方面的规范等。

（4）保障商品、服务质量的法律规范。这类法律规范主要有产品质量法、标准化法等。

（5）涉及消费商品、服务标志、表示管理方面的法律规范，这类法律规范主要包括商标法、广告法，以及各种商品、服务标志监督管理方面的法律规范。

二、消费者的权利

（一）保障安全权

保障安全权是消费者最基本的权利。它是消费者在购买、使用商品和接受服务时所享有的保障其人身、财产安全不受损害的权利，主要表现为以下三点：（1）经营者提供的商品应具有合理的安全性，不得提供有可能对消费者人身及财产造成损害的不合格产品或服务；（2）经营者提供的服务必须有可靠的安全保障；（3）经营者提供的消费场所应当具有必要的安全保障。

消费者保障安全权的实现主要是通过国家制定卫生、安全等标准，并加强监督检查来实现的。

（二）知情权

知情权是消费者享有的知悉其购买、使用的商品或接受的服务的真实情况的权利。知情权是法律赋予消费者的一种基本权利，也是消费者购买、使用商品或接受服务的前提，应当得到经营者的尊重。

1. 知情权的内容

根据我国消费者权益保护法的规定，消费者知情权的内容主要包括以下几个方面：

（1）关于商品或服务的基本情况。如商品的名称、商标、产地、生产者名称、生产日期，服务的内容、规格、费用等。

（2）关于商品的技术状况。主要包括商品的用途、性能、规格、等级、所含成分、有效期限、使用说明书、检验合格证等。

（3）关于商品或服务的价格以及商品的售后服务情况。

2. 知情权实现方式

知情权作为消费者的一项法定权利，其实现受到法律的严格保护。根据消费者权益保护法的规定，消费者可以通过下述方式来实现自己的知情权：（1）消费者有权要求经营者按照法律、法规规定的方式标明商品或服务的真实情况；（2）消费者有权向经营者询问和了解商品或服务的有关情况，经营者有义务回答；（3）消费者因被人欺诈或引人误解的宣传而与经营者交易的，有权主张该交易无效。

（三）自主选择权

选择权即消费者享有的自主选择商品或服务的权利，是民法中平等自愿原则在消费交易中的具体表现。其内容包括以下几个方面：（1）选择提供商品或服务的经营者的权利；（2）选择商品品种或服务方式的权利；（3）自主决定购买或不购买任何一种商品或服务的权利；（4）对商品或服务进行比较、鉴别和挑选的权利。

此外，反不正当竞争法规定：经营者销售商品，不得违背购买者的意愿搭售商品或其他不合理的条件；不得进行欺骗性的有奖销售或以有奖销售为手段推销质次价高的商品或进行巨奖销售；政府及其部门不得滥用权力限定他人购买其指定的经营者的商品，限制外地商品进入本地或本地产品流向外地，也是消费者选择权的有力保护。

消费者不得滥用自主选择权，即其选择权的行使必须符合法律的规定，尊重社会公德，不侵害国家、集体和他人的利益。但是，消费者的自主选择权并不排除经营者向消费者进行商品、服务的介绍和推荐。

（四）公平交易权

消费者的公平交易权，是指消费者在与经营者之间进行的消费交易中享有的获得公平的交易条件的权利。

公平交易的核心是消费者以一定数量的货币可换得同等价值的商品或服务。根据消费者权益保护法的规定，公平交易包括以下内容：（1）获得商品或服务的质量的保障的权利；（2）要求价格合理的权利；（3）要求计量正确的权利；（4）拒绝经营者的强制交易行为的权利。

（五）依法求偿权

依法求偿权即消费者在因购买、使用商品或接受服务受到人身、财产损害时，依法享有的要求并获得赔偿的权利。依法求偿权是弥补消费者所受到损害的必不可少的救济性的权利。

消费者的求偿权实质上是一种民事索赔权，但其除具有一般民事索赔权的特征外，还有其自身的特点：

第一，消费者的求偿权仅存在于消费领域，它发生在消费者与经营者之间，消费者只可向相关的经营者主张这一权利。

第二，消费者的求偿权中有惩罚性赔偿的规定。我国消费者权益保护法从保护社会弱者的宗旨出发，规定了对不法经营者的惩罚性赔偿。

（六）依法结社权

消费者的依法结社权，是指消费者享有的依法成立维护自身合法权益的社会团体的权利。消费者有权自己建立自己的组织。中国消费者协会于1984年12月经国务院批准成立，是对商品和服务进行社会监督的保护消费者合法权益的全国性社会组织。目前，全国县以上消费者协会已达3000多个。在农村乡镇、城市街道设立的消协分会，在村委会、居委会、行业管理部门、高等院校、厂矿企业中设立的监督站、联络站等各类基层网络组织达15.6万个，义务监督员、维权志愿者10万余名。中国消费者协会的经费由政府资助和社会赞助。消费者权益保护法赋予消费者协会履行以下职能：（1）向消费者提供消费信息和咨询服务；（2）参与有关行政部门对商品和服务的监督、检查；（3）就有关消费者合法权益的问题，向有关行政部门反映、查询、提出建议；（4）受理消费者的投诉，并对投诉事项进行调查、调解；（5）投诉事项涉及商品和服务质量问题的，可以提请鉴定部门鉴定，鉴定部门应当告知鉴定结论；（6）就损害消费者合法权益的行为，支持受损害的消费者提起诉讼；（7）对损害消费者合法权益的行为，通过大众传播媒介予以揭露、批评。

（七）获取知识权

获取知识权，它是从知悉真情权里面延伸出来的一种消费者权利，主要包括两个方面：

1. 获得消费知识的权利

即关于商品、服务、市场、消费心理等方面的知识，具体即与消费者正确地选购、公平的交易、合理地使用商品或者接受服务有关的知识。

2. 获得消费者权益保护知识教育的权利

主要是指消费者权益保护方面的知识，涉及消费者权利、经营者义务消费者在其合法权益受到侵害时应如何保护自己，消费者在行使权利过程中应注意的问题等。

（八）获得尊重权

获得尊重权，是指消费者在购买、使用商品和接受服务时所享有的其人格尊严、民族风俗习惯得到尊重的权利。

消费者的受尊重权分为消费者的人格尊严受尊重和民族风俗习惯受尊重两部分。

1. 人格尊严权

是指消费者在购买、使用商品和接受服务时所享有的姓名、名誉、荣誉、肖像等人格不受侵犯的权利。

2. 民族风俗习惯获得尊重权

是指在消费时其民族风俗习惯不受歧视、不受侵犯，并且经营者应当对其民族风俗习惯予以充分的尊重和理解，在可能的情况下，应尽量满足其带有民族意义的特殊要求。

（九）监督批评权

消费者的监督批评权，是指消费者对商品和服务以及消费者保护工作进行监察和督导的权利。依据我国消费者权益保护法的规定，消费者享有对商品和服务以及保护消费者权益工作进行监督的权利。此外，消费者有权检举、控告侵害消费者权益的行为和国家机关及其工作人员在保护消费者权益工作中的违法失职行为，有权对保护消费者权益工作提出批评、建议。

消费者权益保护法规定了消费者的九大权利，给予消费者充分的消费权益保障。消费者也应该尊重经营者，和经营者进行理解和沟通，在行使权利的同时不损害他人利益。

三、工商行政管理机关对消费者权的保护

（一）消费者权益的国家保护

消费者权益的国家保护，是指有立法、行政管理以及在惩处违法犯罪行为方面

的保护，它是由不同的部门，根据国家的授权，对消费者权益的保护。依据我国消费者权益保护法规定，国家对消费者合法权益的保护主要体现在以下几个方面：

1. 在立法方面的保护

立法保护是指国家通过制定消费者权益保护法等有关消费者保护的法律法规和规章，不断建立健全消费者权益保护的法律制度。

2. 在惩处违法犯罪行为方面的司法保护

司法保护是指公安机关、检察院、法院依法惩处经营者在提供商品和服务中侵害消费者合法权益的违法犯罪行为，以及法院依法及时审理涉及消费者权益争议的案件。

3. 在行政管理方面的保护

行政保护是指各级人民政府及其所属机构依照消费者权益保护法等相关法律法规和规章，通过依法行使行政权力、履行法定职责来保护消费者合法权益。

消费者权益保护法赋予工商行政管理机关保护消费者权益的重要职责。工商行政管理机关实施消费者权益行政保护的种类主要包括以下四种：（1）制定和完善消费者权益保护制度；（2）从事市场监管和行政执法活动；（3）接受并处理消费者的投诉和举报；（4）开展消费教育与引导。

消费者有权检举和控告侵害消费者权益的行为，消费者和经营者发生消费者权益争议的，可以向工商行政部门申诉。工商行政机关有依法接受并处理消费者申诉举报的义务和责任。

（二）"12315"消费者申诉举报服务网络

为切实保护消费者的合法权益，做好消费者权益的行政保护工作，根据消费者权益保护法的有关规定，国家工商行政管理局制定了《工商行政管理机关受理消费者申诉暂行办法》，并于1996年3月15日公布实施，之后又于1998年12月3日进行了修订。

《工商行政管理机关受理消费者申诉暂行办法》共4章，35条，分总则、管辖、受理程序和附则。适用消费者为生活消费需要购买、使用商品或者接受服务，与经营者发生消费权益争议的申诉。暂行办法的公布实施，明确了工商行政机关受理消费者申诉的程序、作出行政处罚的依据。

工商行政部门专门设立"12315"消费者申诉举报服务网络。并规定详细的工作程序：

1. 接待

"12315"消费者申诉举报（指挥）中心、站应当认真接待消费者以电话、书面形式、互联网来访等形式进行的申诉、举报。申诉举报受理时间原则上为当地每日工作时间。可根据实际情况规定具体时间，并向社会公布。

2.登记

对申诉举报要登记。对被申诉举报人的姓名或单位名称、电话号码、邮政编码、被申诉举报事项、违法事实及有关线索、证据等要详细记载；对申诉举报人的姓名、住址、电话号码、邮政编码、申诉要求等要认真记载。举报人不愿意透露姓名和表明身份的，应当尊重其意愿。对申诉举报电话要予以录音。

3.受理

属于工商行政管理机关职权范围内的申诉举报，应依照消费者权益保护法、《工商行政管理机关受理消费者申诉暂行法》《工商行政管理所处理消费者申诉实施办法》等工商行政管理法规进行受理。

4.处理

对事实清楚、情节简单，适宜用简易程序当场查处的案件，由受理机关或辖地工商所及时处理；对需要立案查处的案件，按工商行政管理机关内部职责分工，由有关职能机构办理；对属于民事争议的消费者权益的申诉，工商行政管理机关应依照有关规定进行调解；对咨询电话，受理人员应正确解答，解答不了的，应说明情况，或告知到相关的部门咨询；对不属于工商行政管理部门管辖的申诉、举报，向申诉举报人说明情况，或根据与有关部门商定的意见，移交有关部门处理。

5.回复

申诉案件依法调解后，依规定程序告知申诉人；举报案件处理结果，必要时可回复举报人。

6.归档

申诉举报处理情况及有关材料，应及时归档备案。

7.数据资料采集

"12315"受理消费者申诉举报案件办结后，要按照《全国工商行政管理机关"12315"消费者申诉、举报信息管理系统》软件中设定的各项指标，完整准确地录入数据资料。

四、消费者权益保护的不足

第一，权利保护相对滞后。消费者权利保护的依据是消费者权益保护法，它以法律的形式赋予消费者九项权利，但是，随着市场经济的发展，营销方式的变化，特别是网络经济的出现，仅仅九项权利已经不足以保护消费者合法权益。

第二，行政保护交叉，分工不明确。行政保护是履行保护消费者权益的一项重要的法律制度。我国一直以一个部门为主，多部门各司其职，相互配合的行政保护构架。但是，实际操作中矛盾很多：一是在制定消费者保护措施方面，由于各部门分工不够明确，有受部门的权限而限制，造成消费者权益保护措施严重滞后；二是分工不够明确，部门之间受理范围不清，出现规范消费行为与处罚侵害消费者权益违法行为的分属不同部门，弱化打击违法行为、保护消费者权益的力度。

第三，维权途径难见成效。消费者权益保护法为侵害消费权益提供了协商和解、调解、申诉、仲裁和诉讼五种维权途径，但是实践中往往是协商不欢而散、调解难见分晓、申诉久拖不决、仲裁没有依据、起诉程序麻烦，成本高，比如为了举证，特别是高额的商品检测费用往往超过纠纷商品本身的价值，使消费者望而却步，只能自认倒霉，最终影响到消费者权益的落实。

五、法律责任

消费者权益保护法中的法律责任是经营者违反保护消费者的法律规定的或经营者与消费者约定的义务而依法应当承担的法律后果。它是保证经营者依法履行义务的措施，是保护消费者权利，保障消费者权益保护法顺利实施的重要手段。

（一）民事责任

1.经营者应承担民事责任的情形

消费者权益保护法第四十八条规定，经营者提供商品或者服务有下列情形之一的，除法律另有规定外，应当依照其他有关法律、法规的规定，承担民事责任：（1）商品或者服务存在缺陷的；（2）不具备商品应当具备的使用性能而出售时未作说明的；（3）不符合在商品或者其包装上注明采用的商品标准的；（4）不符合商品说明、实物样品等方式表明的质量状况的；（5）生产国家明令淘汰的商品或者销售失效、变质的商品的；（6）销售的商品数量不足的；（7）服务的内容和费用违反约定的；（8）对消费者提出的修理、重作、更换、退货、补足商品数量、退还货款和服务费用或者赔偿损失的要求，故意拖延或者无理拒绝的；（9）法律、法规规定的其他损害消费者权益的情形。

2.经营者民事责任的具体承担

我国消费者权益保护法对侵犯人身权的民事责任作了专门规定，其主要内容如下：

（1）欺诈的民事责任。经营者提供商品或者服务有欺诈行为的，应当按照消费者的要求增加赔偿其受到的损失，增加赔偿的金额为消费者购买商品的价款或者接受服务的费用的三倍；增加赔偿的金额不足五百元的，为五百元。法律另有规定的，依照其规定。

（2）致人伤害的民事责任。经营者提供的商品或者服务，造成消费者或者其他受害人人身伤害的，应当支付医疗费、治疗期间的护理费、因误工减少的收入等费用，造成残疾的，还应当支付残疾者生活自助用具费、生活补助费、残疾赔偿金以及由死者生前扶养的人所必需的生活费用等。

（3）致人死亡的民事责任。经营者提供商品或者服务，造成消费者或者其他受害人死亡的，应当支付丧葬费、死亡赔偿金以及由死者生前扶养的人所必需的生活费等费用。

（4）侵害人格尊严或侵犯人身自由的民事责任。经营者侵害消费者的人格尊严或者侵犯消费者人身自由的，应当停止侵害、恢复名誉、消除影响、赔礼道歉，并赔偿损失。

（二）行政责任

我国消费者权益保护法第五十六条规定，经营者有下列情形之一，除承担相应的民事责任外，还应由工商行政管理部门或者其他有关行政部门责成其承当行政责任：（1）提供的商品或者服务不符合保障人身、财产安全要求的；（2）在商品中掺杂、掺假，以假充真，以次充好，或者以不合格商品冒充合格商品的；（3）生产国家明令淘汰的商品或者销售失效、变质的商品的；（4）伪造商品的产地，伪造或者冒用他人的厂名、厂址，篡改生产日期，伪造或者冒用认证标志等质量标志的；（5）销售的商品应当检验、检疫而未检验、检疫或者伪造检验、检疫结果的；（6）对商品或者服务作虚假或者引人误解的宣传的；（7）拒绝或者拖延有关行政部门责令对缺陷商品或者服务采取停止销售、警示、召回、无害化处理、销毁、停止生产或者服务等措施的；（8）对消费者提出的修理、重作、更换、退货、补足商品数量、退还货款和服务费用或者赔偿损失的要求，故意拖延或者无理拒绝的；（9）侵害消费者人格尊严、侵犯消费者人身自由或者侵害消费者个人信息依法得到保护的权利的；（10）法律、法规规定的对损害消费者权益应当予以处罚的其他情形。

经营者有前款规定情形的，除依照法律、法规规定予以处罚外，处罚机关应当记入信用档案，向社会公布。经营者行政责任的承担方式，由工商行政管理部门责令改正，可以根据情节单处或者并处警告、没收违法所得、罚款，情节严重的，责令停业整顿、吊销营业执照。经营者对上述处罚不服的，可以自收到处罚决定之日起15日内向上一级机关申请复议，对复议决定不服的，可以自收到复议决定书之日起15日内向人民法院提起诉讼，也可以直接向人民法院提起诉讼。

（三）刑事责任

我国刑法中所涉及的有关经营者侵害消费者合法权益的承担刑事责任的情形：

（1）经营者提供商品或者服务，造成消费者或者其他受害人人身伤害，构成犯罪的，依法追究刑事责任。经营者提供商品或者服务，造成消费者或者其他受害人死亡，构成犯罪的，依法追究刑事责任。

（2）以暴力、威胁等方法阻止有关行政部门工作人员依法执行职务的，依法追究刑事责任；拒绝、阻碍有关行政部门工作人员依法执行职务，未使用暴力、威胁方法的，由公安机关依照治安管理处罚法的规定处罚。

（3）国家机关工作人员有玩忽职守或者包庇经营者侵害消费者合法权益的行为的，由其所在单位或者上级机关给予行政处分，情节严重、构成犯罪的，依法追究刑事责任。

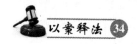

以案释法 ③④

某酒楼收"开瓶费"侵犯消费者公平交易权

2015年11月13日，王先生到某大酒楼用餐时自带了一瓶白酒。用餐后，酒楼服务员向他收取了296元餐费，王先生发现其中包含了100元的开瓶服务费。付款时，王先生要求酒楼在发票上注明"开瓶费"字样，被拒绝。该酒楼只在商业小票上注明此100元为"服务费"。

王先生认为，该酒楼向其收取开瓶费是带有强制性的行为，侵害了其公平交易权，因此向海淀区人民法院提起诉讼，要求对方返还开瓶费100元，并赔礼道歉。该酒楼辩称，酒楼菜谱中已经注明"客人自带酒水按本酒楼售价的50%另收取服务费，本酒楼没有的酒水按100元每瓶收取服务费"内容，故不应返还。

消费者权益保护法第二十六条规定，经营者在经营活动中使用格式条款的，应当以显著方式提请消费者注意商品或者服务的数量和质量、价款或者费用、履行期限和方式、安全注意事项和风险警示、售后服务、民事责任等与消费者有重大利害关系的内容，并按照消费者的要求予以说明。

经营者不得以格式条款、通知、声明、店堂告示等方式，作出排除或者限制消费者权利、减轻或者免除经营者责任、加重消费者责任等对消费者不公平、不合理的规定，不得利用格式条款并借助技术手段强制交易。

该酒楼在菜谱中注明的自带酒水另收取服务费的规定是单方意思表示，属格式条款，对于加重消费者义务的重要条款，提供合同方如果没有以一些特别标示出现或出现于一些特别显著醒目的位置，则无法推定消费者已经明知。该酒楼没有证据证明其事前明示消费者收取开瓶服务费，侵犯了消费者的知情及公平交易的权利，法院判决其返还王先生开瓶费100元。

第二节　流通领域商品质量监测

2012年8月21日，国家工商行政管理总局印发《流通领域商品质量监测办法》，该办法共二十六条。

一、流通领域商品质量监测

流通领域商品质量监测指工商行政管理机关有计划地组织工商行政管理执法人员和法定检验机构，开展对流通领域的商品进行抽样监测、质量判定，公布商品质量信息，指导消费，并对销售不合格商品等违法行为依法进行处理的商品质量监督检查活动。包括定向监测和不定向监测。流通领域商品质量监测工作由国家工商行政管理总局，省（自治区、直辖市）工商行政管理分别负责组织实施。

（一）商品质量监测的范围

工商行政管理机关监测的商品：（1）可能危及人体健康和人身、财产安全的商品；（2）消费者、有关组织反映有质量问题的商品；（3）影响国计民生的重要工业品；（4）与消费者日常生活密切相关的农产品、水产品、畜产品；（）工商行政管理机关认为需要监测的其他商品。

（二）工商部门的职责

工商行政管理部门食品安全监管的职责：（1）确认食品生产经营主体资格；（2）实施流通环节食品质量监管；（3）监督和查处食品违法经营行为；（4）指导、监督流通环节食品经营者建立并落实食品经营管理自律制度和食品质量责任制度；（5）按照有关规定预防和应急妥善处理流通环节重大食品安全事故；（6）受理和处理消费者有关流通环节食品安全方面的咨询、申诉、举报；（7）按照有关规定公示流通环节食品质量监测等食品安全监督检查信息，并通报有关部门和行业协会；（8）宣传有关食品安全的法律、法规、规章、政策和食品安全知识；（9）制定和完善流通环节食品安全监督管理制度和措施；（10）法律、法规、规章和国务院规定的其他职责。

（三）商品质量监管制度

流通领域商品质量监管制度包括：（1）商品质量市场准入制度；（2）商品质量查验登记制度，经营者查验"两个主体"、查验商品质量、记好"两本账"；（3）重要商品备案制度；（4）不合格商品退市制度；（5）建立和完善商品质量信息公示制度；（6）流通领域商品质量的日常检查和巡查。

流通领域商品的日常检查和巡查，具体工作内容包括：（1）查经营资格，看食品经营者证照是否齐全和按要求悬挂，是否出租出借证照，是否超范围经营；（2）查进货票证，看食品经营者在进货时是否履行了检查验收责任，是否索取了供货方有关资质、发货票等票证；（3）查经销食品，看是否有质量合格证明、检验检疫证明，是否掺杂使假、以假充真、以次充好、以不合格食品冒充合格食品，是否为国家明令淘汰、失效、变质的食品；（4）查包装标识，看食品标示内容是否虚假，是否有产品名称、厂名、厂址，是否标明食品主要成分和含量，是否标明生产日期和有效期限；（5）查商标广告，看食品商标是否有侵权和违法使用行为，食品广告是否有虚假和误导宣传的内容；（6）查市场开办者责任，看食品市场开办者是否履行了对进场经营者资格审查的义务，经营场所内部质量管理制度是否健全和落实。

二、流通领域商品质量监测法律

我国目前流通领域商品质量监管存在法律真空，抽查方式的科学性有待增强，抽检结果的公正性和权威性有待提高，抽查经费不到位，商品抽检结果后续处理标准非统一性影响监管的执法力度等问题，应当引起我们高度重视。

国务院将流通领域商品质量监督管理职能，由质量技术监督局划归工商行政管理局行使。两年多来，监管的主要手段是靠商品质量抽查与市场巡查相结合的方式进行，并取得了一定的成效，但也存在一些亟待解决的问题，具体表现在以下几个方面：

（一）流通领域商品质量法律监管亟须完善

国家主管行政机关要积极推动和促进流通领域商品质量监管的立法工作，建议国务院向全国人大提案尽快建立和完善流通领域商品质量监管的立法体系，制定相应的法律法规，做到有法可依，有章可循。另外，各级地方政府也要积极制定相关地方性规章，从而促进国家相关监管领域的法制化进程。

（二）抽查方式的科学性有待进一步增强

目前，根据《流通领域商品质量监督管理办法》规定，商品监督抽查的范围是可能危害人体健康和人身、财产安全的商品；是与人民群众衣、食、住、行密切相关的商品；是消费者以及有关组织投诉问题比较集中的商品；是工商行政管理机关认为需要抽查的商品。其实，以上四类商品基本包含了流通领域所有商品。我们抽查商品的目的是监管流通领域商品质量，打击和查处假冒伪劣的违法行为，保护消费者的合法权益。目前存在抽查方式不讲究科学性，片面地强调完成抽查计划的多少个批次、品种的问题。

（三）商品质量监督抽检结果的公正性权威性有待提高和加强

目前，根据机构改革"三定"方案，流通领域商品质量监管职能划归工商行政管理局行使，但不得重复建立质量检测机构。因此，现在商品质量抽查检验，都是由工商机关委托法定质检机构进行。质监部门的检测结果是工商执法机的执法依据。

不同检验机构的不同结果，给我们行政执法带来一定难度。因此，检测机构检测结果的公正性、权威性直接影响着公正执法。

建立检测结果错案追究制，确保流通领域商品质量监管的公正性。要完善对检验机构的公正监督措施，建立健全检验结果错案责任追究制。一旦发现检验机构与受检企业相勾结，篡改检验报告、欺骗委托执法机关和消费者，不仅仅是追究检验机构的行政责任，而且要依法起诉，追究相关责任人的刑事责任。只有这样，才能确保委托检验报告结果的合法性和公正性，真正达到监管流通领域商品质量，保护消费者合法权益的目的。

第三节　网络交易监管

一、网络交易管理概述

网络交易监管是为了规范网络商品交易及有关服务行为，保护消费者和经营者的合法权益，促进网络经济持续健康发展，依据合同法、侵权责任法、消费者权益保护法、产品质量法、反不正当竞争法、商标法、广告法、食品安全法和电子签名法等法律、法规，2014年1月26日国家工商行政管理总局审议通过了《网络交易管理办法》，自2014年3月15日起施行。

（一）网络商品交易

网络商品交易是指通过互联网（含移动互联网）销售商品或者提供服务的经营活动。这里的"提供服务"，是指为网络商品交易提供第三方交易平台、宣传推广、信用评价、支付结算、物流、快递、网络接入、服务器托管、虚拟空间租用、网站网页设计制作等营利性服务。

1.网络商品市场现状

网络商品市场发展现状：（1）网络商品市场日趋繁荣；（2）网络经营主体飞速增长；（3）网络消费逐渐走进寻常百姓的生活。

2.网络商品市场的违法现象

从工商行政管理职能看，网络上的非法经营行为一般有以下几种：

（1）经营主体违法行为，如开办网络店铺从事无照经营活动、超过营业执照核准经营范围开展网络经营业务、个人独资企业或个体工商户冒用有限责任公司名义开办网站从事违法经营活动、有限责任公司擅自改变公司名称等；（2）不正当竞争行为，如利用互联网对其商品或服务的情况、经营资质、规模等作引人误解的虚假宣传等；（3）商标侵权行为，如在网络上宣传或销售商标侵权商品、将他人注册商标用于网站的装饰装潢、将他人驰名商标恶意注册成网络域名；（4）广告违法行为，如利用网络违法发布违法医疗广告等；（5）消费侵权行为，如利用网站销售劣质商品、在网络经营中侵犯消费者的知情权和公平交易权等；（6）其他违法经营行为，如网络非法传销等。

（二）当前网络市场监管主要存在的问题

1.相关法律法规不够完善

法律法规的保障是我国网络发展的基础，但目前我国网络方面的法律环境还较为薄弱。网络的基本法律制度，如电子文件、数字签名、电子证据等方面，直至目前，无论是在国内法抑或是国际法上均未完成最终的立法程序，还没有一部全国性的完整规范网络市场的法律规范。现行出台的一系列指导意见，并不具备强制力和约束力。缺乏专对网络交易行为、竞争行为的法律规范。比如，微信购物，就没有任何监管的法律依据。工商部门在对网络市场监管时，依据的法律主要以今年出台的《网络交易管理办法》为主，其他参见散见于民法通则、合同法、《电信条例》等法律法规中，但大多数可操作性不强，达不到监管的目的。这与当前网络市场飞速发展的现状极不相称，也在客观上导致了网上交易诈骗的频繁发生。

2. 网络主体资格难以确认

网络的开放性、虚拟性和自由性，使任何人在任何时候都可以轻而易举地到网上开设网店，从事网上交易，从而成为网上具有经营行为的"市场主体"。工商监管部门很难确认经营主体真实身份和信用，无法判断商品信息的真实性。网络主体资格的难以确认以及网络市场主体认证制度的不健全，导致工商部门监管困难。

3. 监管部门管理体制存在弊端

网络监管部门繁多，目前工商部门主要负责网络经营手续的登记注册，商务、食品卫生、信息产业、质检等部门都有监管职能。由于分工模糊，部门之间管辖权划分不明确，重叠和疏漏并存，跨部门的合作监管机制运行不通畅，部门之间协调难度较大，给网络监管带来了盲区。特别是工商部门的监管，在体制上存在弊端。而在网络市场中，由于互联网是一个全球性的系统，无法将它像传统的地理空间那样分成传统区域，使得工商部门以地域分割为主要特征的市场主体登记、市场行为监管的属地管辖模式必然无法实现对其有效的监管。

4. 网上违法事实取证困难

网络本身具有的即时化、电子化、无纸化等特点，导致网络交易过程中相关的交易证据容易灭失，这就使得交易纠纷一旦发生，工商部门的执法取证工作相当困难。具体表现在网上内容变化更新便捷，经营者对网上交易的商品、服务的条款很容易修改，经营者在对其提供的商品、服务的质量、性能等作虚假宣传后，其资料很容易销毁。工商部门在受理网络投诉案件后，常常会遇到消费者、网络销售商的服务器地址、公司注册地、信息平台所在地、往往分置于不同区域，单一地区部门执法不但要克服注册信息真伪辨别的难题，还必须承担跨区域监管所带来的巨大行政成本。

二、网络商品经营者义务

（一）依法办理工商登记

从事网络商品交易的自然人，应当通过第三方交易平台开展经营活动，并向第三方交易平台提交其姓名、地址、有效身份证明、有效联系方式等真实身份信息。具备登记注册条件的，依法办理工商登记。从事网络商品交易及有关服务的经营者销售的商品或者提供的服务属于法律、行政法规或者国务院决定规定应当取得行政许可的，应当依法取得有关许可。

（二）标识公示

已经工商行政管理部门登记注册并领取营业执照的法人、其他经济组织或者个体工商户，从事网络商品交易及有关服务的，应当在其网站首页或者从事经营活动的主页面醒目位置公开营业执照登载的信息或者其营业执照的电子链接标识。

（三）公布真实而详细的交易信息

网络商品经营者向消费者销售商品或者提供服务，应当向消费者提供经营地址、联系方式、商品或者服务的数量和质量、价款或者费用、履行期限和方式、支付形式、退换货方式、安全注意事项和风险警示、售后服务、民事责任等信息，采取安全保障措施确保交易安全可靠，并按照承诺提供商品或者服务。网络商品经营者、有关服务经营者提供的商品或者服务信息应当真实准确，不得作虚假宣传和虚假表示。

（四）不得商标侵权。

网络商品经营者、有关服务经营者销售商品或者提供服务，应当遵守商标法、《企业名称登记管理规定》等法律、法规、规章的规定，不得侵犯他人的注册商标专用权、企业名称权等权利。

（五）支持七日无理由退货

网络商品经营者销售商品，消费者有权自收到商品之日起七日内退货，且无需说明理由，但下列商品除外：（1）消费者定做的；（2）鲜活易腐的；（3）在线下载或者消费者拆封的音像制品、计算机软件等数字化商品；（4）交付的报纸、期刊。

（六）不得以格式合同侵犯消费者权益

网络商品经营者、有关服务经营者在经营活动中使用合同格式条款的，应当符合法律、法规、规章的规定，按照公平原则确定交易双方的权利与义务，采用显著的方式提请消费者注意与消费者有重大利害关系的条款，并按照消费者的要求予以说明。

网络商品经营者、有关服务经营者不得以合同格式条款等方式作出排除或者限制消费者权利、减轻或者免除经营者责任、加重消费者责任等对消费者不公平、不合理的规定，不得利用合同格式条款并借助技术手段强制交易。

（七）不得从事不正当竞争行为

网络商品经营者、有关服务经营者销售商品或者服务，应当遵守反不正当竞争法等法律的规定，不得以不正当竞争方式损害其他经营者的合法权益、扰乱社会经济秩序。同时，不得利用网络技术手段或者载体等方式，从事下列不正当竞争行为：（1）擅自使用知名网站特有的域名、名称、标识或者使用与知名网站近似的域名、名称、标识，与他人知名网站相混淆，造成消费者误认；（2）擅自使用、伪造政府部门或者社会团体电子标识，进行引人误解的虚假宣传；（3）以虚拟物品为奖品进行抽奖式的有奖销售，虚拟物品在网络市场约定金额超过法律法规允许的限额；（4）以虚构交易、删除不利评价等形式，为自己或他人提升商业信誉；（5）以交易达成后违背事实的恶意评价损害竞争对手的商业信誉；（6）法律、法规规定的其他不正当竞争行为。

网络商品经营者、有关服务经营者不得对竞争对手的网站或者网页进行非法技术攻击，造成竞争对手无法正常经营。

三、第三方交易平台的义务

第三方交易平台，是指在网络商品交易活动中为交易双方或者多方提供网页空间、虚拟经营场所、交易规则、交易撮合、信息发布等服务，供交易双方或者多方独立开展交易活动的信息网络系统。

（一）办理企业法人登记

第三方交易平台经营者应当是经工商行政管理部门登记注册并领取营业执照的企业法人。

（二）对经营主体审查和登记

第三方交易平台经营者应当对申请进入平台销售商品或者提供服务的法人、其他经济组织或者个体工商户的经营主体身份进行审查和登记，建立登记档案并定期核实更新，在其从事经营活动的主页面醒目位置公开营业执照登载的信息或者其营业执照的电子链接标识。

第三方交易平台经营者应当对尚不具备工商登记注册条件、申请进入平台销售商品或者提供服务的自然人的真实身份信息进行审查和登记，建立登记档案并定期核实更新，核发证明个人身份信息真实合法的标记，加载在其从事经营活动的主页面醒目位置。

（三）与经营主体明确责任义务

第三方交易平台经营者在审查和登记时，应当使对方知悉并同意登记协议，提请对方注意义务和责任条款；应当与申请进入平台销售商品或者提供服务的经营者订立协议，明确双方在平台进入和退出、商品和服务质量安全保障、消费者权益保护等方面的权利、义务和责任。

（四）完善管理

第三方交易平台经营者修改其与平台内经营者的协议、交易规则，应当遵循公开、连续、合理的原则，修改内容应当至少提前七日予以公示并通知相关经营者。平台内经营者不接受协议或者规则修改内容、申请退出平台的，第三方交易平台经营者应当允许其退出，并根据原协议或者交易规则承担相关责任。应当建立平台内交易规则、交易安全保障、消费者权益保护、不良信息处理等管理制度。各项管理制度应当在其网站显示，并从技术上保证用户能够便利、完整地阅览和保存。应当采取必要的技术手段和管理措施保证平台的正常运行，提供必要、可靠的交易环境和交易服务，维护网络交易秩序。应当采取必要手段保护注册商标专用权、企业名称权等权利，对权利人有证据证明平台内的经营者实施侵犯其注册商标专用权、企业名称权等权利的行为或者实施损害其合法权益的其他不正当竞争行为的，应当依照侵权责任法采取必要措施。

四、网络交易监督管理

网络商品交易及有关服务的监督管理由县级以上工商行政管理部门负责。县级以上工商行政管理部门应当建立网络商品交易及有关服务信用档案，记录日常监督检查结果、违法行为查处等情况。根据信用档案的记录，对网络商品经营者、有关服务经营者实施信用分类监管。

县级以上工商行政管理部门对涉嫌违法的网络商品交易及有关服务行为进行查处时，可以行使下列职权：（1）询问有关当事人，调查其涉嫌从事违法网络商品交易及有关服务行为的相关情况；（2）查阅、复制当事人的交易数据、合同、票据、账簿以及其他相关数据资料；（3）依照法律、法规的规定，查封、扣押用于从事违法网络商品交易及有关服务行为的商品、工具、设备等物品，查封用于从事违法网络商品交易及有关服务行为的经营场所；（4）法律、法规规定可以采取的其他措施。

在网络商品交易及有关服务活动中违反法律法规规定，工商行政部门可以警告，责令改正，罚款，依法责令暂时屏蔽或者停止该违法网站接入服务或依法关闭该违法网站。

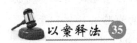

以案释法 35

天猫商城上海某贸易公司虚假刷单

当事人于2011年10月在天猫商城设立并运营名为某旗舰店的网店，销售紫砂壶产品。自2013年开始，当事人在其网店发布了"'××'宜兴名家紫砂壶国家助工陈某全手工紫砂茶壶朱泥扁西施壶"的产品信息。当事人在上述产品信息介绍页面中使用"最佳"等字样内容。执法人员查明，当事人自发布该产品信息后，通过QQ群搜索"淘宝刷单"字样，随后加入一个名为"品源群"的QQ群。当事人通过该群与"刷单"人员联系，由"刷单"人员在网上拍下当事人天猫网店内的产品，然后当事人接单后，实际不发"刷单"人员拍的产品，换成不值钱的物品快递给"刷单"人员，最后"刷单"人员确认收货，完成一次"刷单"。当事人根据每一单"刷单"人员的银行账号，将拍下后"刷单"需要支付的费用加上谈好的具体每一单的"刷单"费用（劳务费用）支付给"刷单"人员，从而完成整个"刷单"行为。经确认，该产品实际交易量只有网页显示交易量的一半。

该网店在产品页面中使用"最佳"等字样的行为违反了广告法第九条第三项的规定，构成了使用绝对化广告用语的行为。根据相关规定，执法机关责令其停止发布违法广告。虚构交易有三种表现形式："刷榜""刷单""刷钻"，其行为使得特殊的评比、荐证的诚信机制完全失灵，沦为虚假宣传的道具，完全扭曲了真实的市场供求关系，不但导致虚假营销之风盛行，而且从根本上动摇了网络电商平台的诚信基础，最终伤害的是电商市场的未来。

当事人在天猫网店销售该产品过程中，采用虚构交易形式来增加自己产品的网上销量、提升自身商业信誉的"刷榜"行为，严重破坏了网络交易市场的生态环境，扰乱了正常的公平交易秩序，排挤了合法合规、诚实守信经营用户的交易机会，违反了《网络交易管理办法》第十九条第四项的规定，构成了不正当竞争行为。根据该法第五十三条和反不正当竞争法第二十四条第一款之规定，执法机关责令当事人停止违法行为，并处罚款2万元。

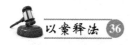

某电商网以"标错价"为由拒绝履行订单案

2014年11月5日，北京市某工商分局连续接到消费者投诉，称某电商网站以"标错价"为由拒绝履行订单，在未与其进行协商的情况下，擅自删除其于2014年10月27日在该网站上购买的订单。经调查，该网站工作人员将销售价为149元的一款手提包，标价94元，并于2014年10月27日20时10分开始优惠活动，20时20分左右在网上推广优惠信息，至20时32分，该电商网站对此产品下架处理。在此期间的12分钟里，网民抢购共产生订单1万个，涉及消费者上万人。11月3日，该网站以"标错价"为由对该商品进行删单处理，随后就出现大量投诉和举报，要求恢复订单、补足所订购的商品数量。据了解，当事人购进该款商品仅150件，远远不能满足消费者的订单需要。

从本案案情看，当事人与消费者订立了订单，其与消费者之间买卖合同关系成立，订单有效。当事人在调解过程中提出商品价格存在"标错价"情况，不是其真实意思表示。根据合同法第五十四条的规定，当事人撤销订单应依据请求人民法院或者仲裁机构变更或撤销。但是，当事人未向法院或者仲裁机构提出相关申请，在订单有效的情形下单方取消订单，无理拒绝消费者补足商品数量要求，侵害数量众多消费者的合法权益，在问题出现时，也不与消费者平等协商，采取有诚意的措施取得消费者的谅解，而是采取无理拒绝的，直接删除订单的方式予以处理，其行为违反了消费者权益保护法第五十六条第一款第八项的规定，构成对消费者提出的合法要求"故意拖延或者无理拒绝"的违法行为。

根据违法行为情节，工商局依据消费者权益保护法第五十六条之规定，对其适实施行政处罚，罚款5万元。

消费者权益保护法第十六条规定，经营者向消费者提供商品或者服务，应当依照本法和其他有关法律、法规的规定履行义务。

根据该法第五十六条第（八）项：对消费者提出的修理、重作、更换、退货、补足商品数量、退还货款和服务费用或者赔偿损失的要求，故意拖延或者无理拒绝的；由工商行政管理部门或者其他有关行政部门责令改正，可以根据情节单处或者并处警告、没收违法所得、处以违法所得一倍以上十倍以下的罚款，没有违法所得的，处以五十万元以下的罚款；情节严重的，责令停业整顿、吊销营业执照。

附录

工商总局关于印发《全国工商和市场监管部门法治宣传教育第七个五年规划（2016—2020年）》的通知

各省、自治区、直辖市及计划单列市、副省级市工商行政管理局、市场监督管理部门：

为贯彻落实《中共中央 国务院转发〈中央宣传部、司法部关于在公民中开展法治宣传教育的第七个五年规划(2016—2020年)〉的通知》（中发〔2016〕11号）要求，深入开展工商和市场监管部门法治宣传教育，全面推进工商和市场监管部门法治建设，工商总局研究制定了《全国工商和市场监管部门法治宣传教育第七个五年规划（2016—2020年)》，现印发给你们，请认真贯彻执行。

工商总局

2016年7月7日

全国工商和市场监管部门法治宣传教育
第七个五年规划（2016—2020年）

在党中央、国务院正确领导下，在全国普及法律常识办公室的指导下，全国工商和市场监管部门第六个五年法治宣传教育规划（2011—2015年）已顺利完成，并取得显著成效。以宪法为核心的中国特色社会主义法律体系得到深入宣传，工商和市场监管部门法治宣传教育活动广泛开展，全系统干部的法律素养和法律实践能力显著提升，市场主体守法经营意识明显增强，消费者法律意识和依法维权的能力进一步提高。法治宣传教育在推动工商和市场监管部门依法行政、依法履职方面发挥了重要作用。

为适应新形势、新任务、新要求，深入开展工商和市场监管部门法治宣传教育，全面推进工商和市场监管部门法治建设，确保"十三五"时期经济社会发展目标顺利实现，根据《中共中央 国务院转发〈中央宣传部、司法部关于在公民中开展法治宣传教育的第七个五年规划(2016—2020年)〉的通知》（中发〔2016〕11号）精神，结合工商和市场监管工作实际，特制定本规划。

一、指导思想、工作目标和主要原则

（一）指导思想

全国工商和市场监管部门第七个五年法治宣传教育工作的指导思想是：高举中国特色社会主义伟大旗帜，全面贯彻党的十八大和十八届三中、四中、五中全会精神，以马克思列宁主义、毛泽东思想、邓小平理论、"三个代表"重要思想、科学发展观为指导，深入贯彻习近平总书记系列重要讲话精神，坚持"四个全面"战略布局，坚持创新、协调、绿色、开放、共享的发展理念，按照全面推进依法治国新要求，深入开展工商和市场监管法治宣传教育，健全普法宣传教育机制，创新工作方式，充分发挥法治宣传教育在工商和市场监管法治建设中的基础作用，为"十三五"时期经济社会发展营造公平竞争的法治环境，为实现"两个一百年"奋斗目标和中华民族伟大复兴的中国梦作出新的贡献。

（二）工作目标

工商和市场监管普法宣传教育机制进一步健全，法治宣传教育实效性不断增强，工商和市场监管领导干部法治思维和法治意识显著提升，广大执法人员依法行政意识和能力进一步增强，各类市场主体诚信守法意识进一步提升，广大消费者法治观念和依法维权的能力明显提高，努力形成遵纪守法、诚实守信的良好氛围。

（三）主要原则

全国工商和市场监管部门第七个五年法治宣传教育工作应遵循以下原则：

1. 坚持围绕中心，服务大局。紧紧围绕工商和市场监管中心工作，有针对性地开展法治宣传教育，更好地服务工商和市场监管改革发展，服务协调推进"四个全面"战略布局，为全面实施国民经济和社会发展"十三五"规划营造良好法治环境。

2. 坚持依靠群众，服务群众。以满足经营者、消费者不断增长的法治需求为出发点和落脚点，以群众喜闻乐见的形式和易于接受的方式开展法治宣传教育，增进人民群众尊法学法守法用法意识。

3. 坚持学用结合，普治并举。坚持法治宣传教育与依法行政有机结合，把法治宣传教育融入到工商和市场监管工作各个方面，引导广大工商和市场监管干部在执法实践中自觉学习、运用国家法律和党内法规，提升法治素养。

4. 坚持分类指导，突出重点。各级工商和市场监管部门要根据本地工作实际，结合本地执法人员、经营者和消费者等不同法治宣传教育对象的特点，分类实施法治宣传教育，突出重点领域和内容，以点带面，提升普法效果。

5. 坚持创新发展，注重实效。及时总结经验，把握规律，推动工商和市场监管法治宣传教育内容、机制、载体和方式方法创新，不断提高法治宣传教育的针对性和实效性，力戒形式主义。

二、主要任务

（一）深入学习宣传习近平总书记关于全面依法治国的重要论述

要深入学习宣传习近平总书记关于全面依法治国的重要论述，增强全系统干部和广大经营者、消费者厉行法治的积极性和主动性。深入学习宣传以习近平同志为总书记的党中央关于全面依法治国的重要部署，使全系统干部和广大经营者、消费者了解和掌握全面依法治国的重大意义和总体要求，更好地发挥法治的引领和规范作用。

（二）突出学习宣传宪法和中国特色社会主义法律体系

坚持把学习宣传宪法摆在首要位置，开展宪法教育，弘扬宪法精神，树立宪法权威，提高全体公民特别是全系统干部、经营者和消费者的宪法意识。坚持把学习宣传宪法相关法、民法商法、行政法、经济法、社会法、刑法、诉讼与非诉讼程序法等法律法规的基本知识，作为法治宣传教育的基本任务，结合学习贯彻创新、协调、绿色、开放、共享发展理念，加强对相关法律法规的宣传教育。

（三）深入学习宣传党内法规

适应全面从严治党、依规治党新形势新要求，切实加大党内法规宣传力度。突出宣传党章，教育引导全系统党员干部尊崇党章，以党章为根本遵循，坚决维护党章权威。大力宣传《中国共产党廉洁自律准则》《中国共产党纪律处分条例》等各项党内法规，教育引导全系统党员干部做党章党规党纪和国家法律的自觉尊崇者、模范遵守者、坚定捍卫者。

（四）重点学习宣传工商和市场监管相关法律法规规章

深入学习宣传公司法、企业法人登记管理条例、公司登记管理条例、企业信息公示暂行条例等商事制度改革相关法律法规规章，以法治保障改革的深入推进。深入学习宣传反不正当竞争法、反垄断法、商标法、广告法、规范直销与打击传销、网络交易监管、培育发展农村经纪人等相关法律法规规章，推动树立保护产权、平等交换、公平竞争、诚实信用等意识，加大市场监管执法力度，为经济发展营造公平竞争的市场环境和具有国际竞争力的营商环境。深入学习宣传消费者权益保护法、流通领域商品质量监管等相关法律法规规章，促进保障和改善民生，努力营造有利于促进发展的消费环境。深入学习宣传行政许可、行政处罚、行政监督、行政强制、行政复议法、行政诉讼法等相关法律法规，规范工商和市场监管行政执法行为，推动严格规范公正文明执法，妥善化解矛盾纠纷，维护公民、法人和其他组织合法权益，促进社会和谐稳定。

（五）加强工商和市场监管法治文化建设

以宣传法律知识、弘扬法治精神、传播法治理念，推动法治实践为主旨，积极推进工商和市场监管法治文化建设。丰富普法宣传手段和载体，采取文学作品、知识竞赛、送法下乡等多种形式，以重要纪念日为契机，开展法治文化活动，大力宣传宪法和工商、市场监管法律法规规章。积极开展工商和市场监管依法行政示范单位创建活动，寓法治文化建设于依法行政实践中，全面推进执法规范化，营造依法行政良好氛围。

（六）大力推进工商和市场监管法治建设

坚持法治宣传教育与行政执法实践相结合，使法律规定内化于心，外化于行，成为工商和市场监管部门履行职责，开展行政许可、行政处罚、行政强制、行政检查等执法行为的基本规则。教育引导广大经营者自我约束、自我管理，支持个体劳动者协会、消费者协会、广告协会、商标协会教育引导广大企业和经营者加强自我约束、尊法守信、诚信经营，发挥社会组织在其成员的行为导引、规则约束、权益维护，以及建立市场诚信体系等方面作用，形成各行业各领域协同共建的工作格局。

（七）推进法治教育与道德教育相结合

坚持依法治国和以德治国相结合的基本原则，促进实现法律和道德相辅相成、法治和德治相得益彰。大力开展工商和市场监管职业道德教育，按照总局发布的《工商行政管理人员职业道德规范》要求，引导广大工商和市场监管干部自觉形成与时代发展要求相适应的职业价值观和道德素养，努力打造一支政治上过硬、业务上过硬、作风上过硬的高素质干部队伍。

三、普法对象和工作要求

（一）普法对象

工商和市场监管法治宣传教育的对象是：一切有接受教育能力的公民。重点对象是各级工商和市场监管干部，各级工商和市场监管部门直属单位工作人员，广大经营者和消费者。

（二）工作要求

各级工商和市场监管部门要根据本地区实际情况，按照本规划要求，有计划、有步骤地开展工商和市场监管法治宣传教育工作。

1.坚持领导干部带头学法、模范守法、严格执法。各级工商和市场监管领导干部要自觉做尊法学法守法用法的模范，带头学习宪法和法律，带头厉行法治、依法办事。要健全完善党委（党组）中心组学法制度，把宪法法律和党内法规列入各级工商和市场监管部门党委（党组）中心组年度学习计划，组织开展集体学法。坚持重大决策前专题学法，凡是涉及经济发展、社会稳定和人民群众切身利益等重大问题，决策前应先行学习相关法律法规。把尊法守法学法用法情况作为考核领导班子和领导干部的重要内容，把法治观念、法治素养作为衡量干部德才的重要标准，把能不能遵守法律、依法办事作为考察干部的重要依据。切实提高各级工商和市场监管部门领导干部运用法治思维和法治方式深化改革、推动发展、化解矛盾、维护稳定的能力。

2.加强行政执法队伍依法行政能力的教育培养。要抓好工商和市场监管执法人员法治教育，健全完善工商和市场监管执法人员日常学法制度，推动学法经常化。定期组织法治讲座、法治论坛、法治研讨等普法学法活动，推动经常性学法不断深入。各级工商和市场监管部门要把宪法法律和工商、市场监管法律法规规章列为干部教育培训必修课，及时组织新出台的工商和市场监管法律法规规章专题法治培训，确保法治培训课时数量和培训质量。要深入推进工商和市场监管部门公职律师队伍建设，充分发挥公职律师、法律顾问作用，积极参与本单位行政应诉工作。

3.切实加强面向经营者和消费者的法治宣传教育。以新修订法律法规和商事制度改革法律法规为重点，广泛开展面向企业的宣讲和法律培训；突出加强对企业经营管理人员的法治宣传教育，引导企业正确认识改革的重要意义，树立诚信守法、爱国敬业意识，提高依法经营管理的能力。加强对消费者的法治宣传教育，帮助、引导他们依法维权，自觉运用法律手段解决矛盾纠纷。充分发挥基层工商、市场监管部门作用，在所辖区内采取多种形式面向经营者和消费者宣传公司法、合伙企业法、个人独资企业法、农民专业合作社法、反不正当竞争法、反垄断法、商标法、广告法、消费者权益保护法、产品质量法、合同法、企业法人登记管理条例、公司登记管理条例、企业信息公示暂行条例等与市场经济及工商和市场监管密切相关的法律法规规章，引导经营者和消费者自觉守法、遇事找法、解决问题靠法。

四、工作措施

（一）健全普法宣传教育机制

一是加强普法宣讲团建设。各级工商和市场监管部门要积极动员社会力量，选聘优秀法律人才，组织开展工商和市场监管法律法规宣讲活动。二是要充分发挥广大工商和市场监管干部的法治宣传员作用，加强工商和市场监管部门普法志愿者队伍建设，鼓励工商和市场监管执法人员加入普法志愿者队伍，畅通志愿者服务渠道，建立健全定期培训和管理制度，提高普法宣传能力和水平。三是积极动员社会力量共同推进法治建设。充分发挥个体劳动者协会、消费者协会、广告协会、商标协会等社团组织在法治宣传教育中的积极作用，结合本行业、本领域在学法守法用法中遇到的实际问题，有针对性地开展法治宣传教育活动，为会员和行业提供形式多样的法律服务。四是加强对法治宣传教育工作的考核评估。建立健全法治宣传教育工作考评指导标准和指标体系，完善考核办法和机制，将考核结果充分运用到法治建设指标体系评价工作中。五是健全激励机制。认真组织开展"七五"普法中期检查和总结验收。工商总局继续组织开展全国工商和市场监管部门十大法治人物和十大法治故事宣传展示活动，展示典型人物先进事迹、树立鲜活榜样精神，充分发挥先进集体、先进个人的示范带动效应，凝聚奋发向上力量、弘扬工商行政执法正能量。

（二）落实普法责任制

一是按照国家机关"谁执法谁普法"的普法责任制，建立工商和市场监管部门普法责任清单制度。工商总局各司局和各级工商、市场监管部门要结合自身实际和工作职能，全面落实"谁执法谁普法"，切实抓好各业务条线、各区域的普法工作，通过现场执法说理、案后回访教育、个案行政指导等多种方式，将普法宣传教育融入到日常工作和执法办案全过程，以文明执法促进深度普法，以广泛普法推动公正执法。二是大力开展以案释法和警示教育活动。健全以案释法工作机制，创新工作形式。选取典型的、针对性强、社会关注度高的案例，根据不同受众的接受能力，对基本案情、查办过程、法律依据等进行详细、清晰的阐述，增强以案释法教育的成效。同时，在执法办案、消费调解、行政复议等工作中，主动向当事人讲清事实，讲明法律依据和法理，实现执法过程中法律效果和社会效果的有效统一。将行政处罚信息公示作为宣传法律知识、弘扬法治精神的重要途径，增强行政处罚文书的说理性，确保公示信息的公正、客观、及时、规范，使每一份行政处罚决定书都成为一堂生动的法治宣传教育课，不断增进社会各界对工商和市场监管执法工作的了解。三是加强工商和市场监管执法典型案例征集整理工作，面向社会公众建立工商和市场监管行政执法典型案例发布制度。各级工商和市场监管部门要加强行政执法、行政许可和专项整治等工作中典型案例的收集、遴选和上报，选择具有典型指导意义的案例，开展案例解析和宣传。工商总局建立典型案例库，针对在全国范围内影响面广、适用性强的案例，面向社会及时发布案例解读，为维护公平竞争的市场秩序营造良好法治氛围。四是加强公益普法，与各类媒体合作播出公益广告、宣传警示片，联合相关部门发布公益短信等，宣传工商和市场监管相关法律法规，发布预警提示，增强宣传效果。总局"两报一刊"应积极做好工商和市场监管法治宣传教育工作。五是加强在工商和市场监管法律法规立法修法过程中的法治宣传教育。健全立法公开征求社会公众意见制度，宣传立法工作部署、目的和意义，拓宽工商和市场监管立法立规公众参与、专家咨询论证的领域和深度，在公民有序参与立法中普及法律知识，实现立法和普法过程的统一。同时，广泛征求地方工商和市场监管部门基层干部群众的意见，深化基层干部对法条的理解和把握，促进科学立法、民主立法，提高依法行政水平。

（三）多形式、多载体开展法治宣传教育工作

一是创新工作理念，要更加注重培育法治信仰和弘扬法治精神；更加注重从经济社会发展和经营者、消费者实际需求出发开展宣传，寓宣传教育于服务群众之中；更加注重针对不同地区、不同对象的特点实施分类宣传教育，增强工商和市场监管法治宣传教育工作实效。二是创新方式方法，坚持集中法治宣传教育与经常性法治宣传教育相结合，深化法律进机关、进乡村、进社区、进学校、进企业、进单位的"法律六进"主题活动，完善工作标准，建立长效机制。要善于采用群众喜闻乐见的方式开展法治宣传教育，努力提高工商和市场监管法治宣传教育的吸引力和感染力。三是创新宣传

载体，在服务大厅和服务窗口设立橱窗、海报、电子显示屏、触摸屏等宣传设施，发布工商和市场监管法律法规信息等；通过咨询接待、12315维权服务网络、法律服务热线等方式，为社会公众提供面对面的法律指导服务；充分运用互联网传播平台，依托工商总局门户网站、中国工商行政管理法制网、各司局子网站、各地工商和市场监管部门门户网站等，及时发布法律法规权威信息和各地法治工作动态；加强新媒体新技术在普法中的运用，推进"互联网＋法治宣传"行动，更好地运用微信、微博、微电影、客户端开展普法宣传活动。四是充分利用重要时间节点开展法治宣传工作。充分利用"3·15"国际消费者权益保护日、"4·26"世界知识产权日、"12·4"全国法治宣传日等特殊纪念日和12月1日至7日的全国工商和市场监管部门法治宣传周以及单项法律颁布实施周年日等重要时间节点，强化宣传效果。五是突出宣传重点。服务"十三五"经济社会发展，重点宣传商事制度改革相关的法律法规和"放管服"相关政策，使法治宣传工作更加富有时代性、针对性。大力宣传工商和市场监管执法的主要法律法规，营造经营者守法经营、消费者依法维权的良好法治氛围。

五、组织领导

（一）切实加强领导

国家工商行政管理总局成立"七五"普法领导小组（法治建设领导小组），由国家工商行政管理总局局长任组长。领导小组下设"七五"普法办公室，承担普法日常工作，负责制定和组织实施工商和市场监管部门"七五"普法规划，组织、安排全系统普法学习，指导、协调全系统普法工作，并组织实施考核工作。各省、自治区、直辖市、计划单列市及副省级市工商和市场监管部门应健全相应的普法领导机构和工作机构，建立和完善工作机制和制度，加强督促检查，确保各项任务落实到位。

（二）加强工作指导

各级工商和市场监管部门要逐年对法治宣传教育工作情况进行总结。加强同立法、司法等相关部门的沟通协调，发挥各自优势，形成推进法治宣传教育工作创新发展的合力。结合各地区各部门工作实际，分析不同地区、不同对象的法律需求，区别对待、分类指导；坚持问题导向，深入基层、深入经营者和消费者，开展调查研究，及时发现问题，积极解决问题，不断增强法治宣传教育的针对性和时效性。

（三）加强工作宣传

各级工商和市场监管部门要大力宣传中央关于法治宣传教育的决策部署，深入宣传工商和市场监管部门"七五"普法规划，广泛宣传各地普法工作采取的有效措施、取得的显著成绩和宝贵经验，同时，要加大先进典型的宣传力度，充分发挥先进典型的示范和带动作用，推进工商和市场监管法治宣传教育不断深入。

（四）落实经费保障。

各级工商和市场监管部门要争取把法治宣传教育工作经费纳入本级政府财政预算，专款专用，为工作正常开展提供保障。